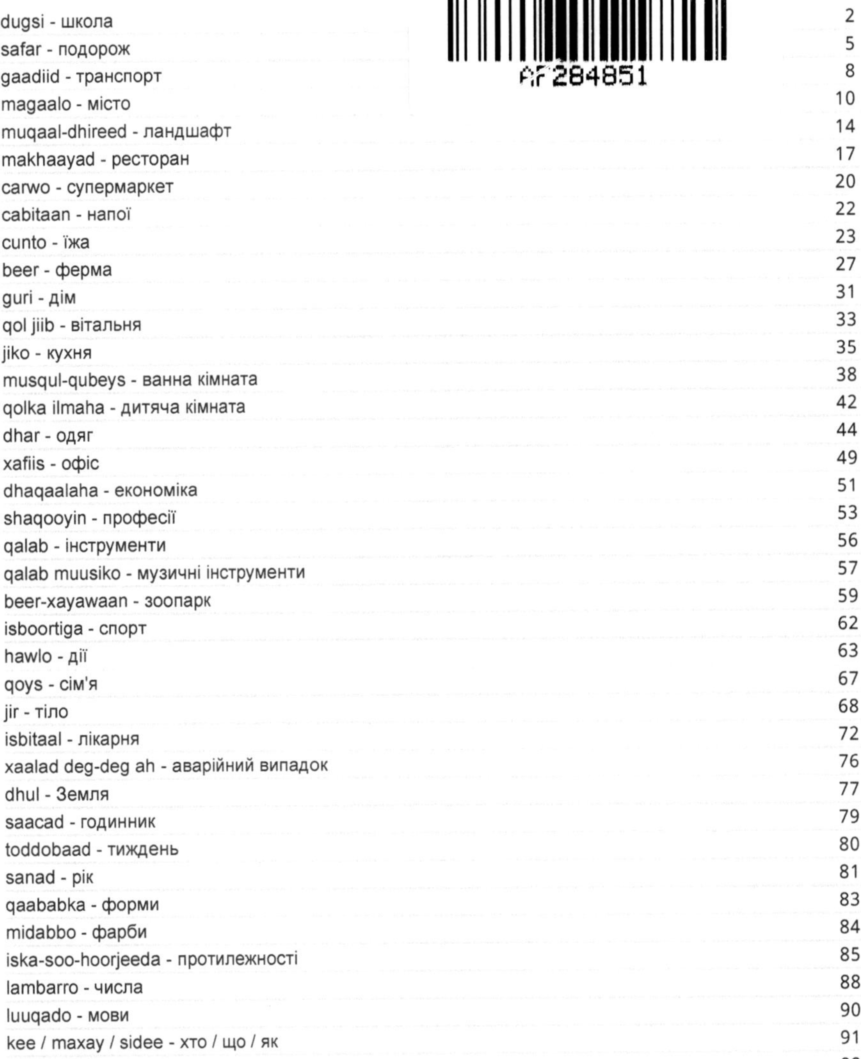

Impressum
Verlag: BABADADA GmbH, Nedderfeld 112 , 22529 Hamburg
Geschäftsführer / Verlagsleitung: Harald Hof
Druck: Books on Demand GmbH, In de Tarpen 42, 22848 Norderstedt

Imprint
Publisher: BABADADA GmbH, Nedderfeld 112 , 22529 Hamburg, Germany
Managing Director / Publishing direction: Harald Hof
Print: Books on Demand GmbH, In de Tarpen 42, 22848 Norderstedt, Germany

dugsi

школа

fasal
класна кімната

qeybi
ділити

186/2

sabuurad
дошка

barxad dugsi
шкільний двір

macallin
вчитель

warqad
папір

qorraxeed
писати

qalin
ручка

miis
письмовий стіл

mastarad
лінійка

buug
книга

arday
учень

boorso

ранець

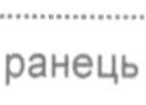

kiis qalin-qori

пенал

qalin-qori

олівець

koobka qalin qor

точило

titirre

гумка

buugga sawirka

альбом для малювання

sawirid

малюнок

burushka midabaynta

пензель

gasaca midabaynta

коробка фарб

maqasyo

ножиці

koollo

клей

buug qoraal

зошит

shaqo-guri

домашнє завдання

lambar

число

ku dar

додавати

ka jar

віднімати

ku dhufo

множити

xisaabi

рахувати

warqad

літера

alifbeeto

абетка

erey

слово

qoraal

текст

akhri

читати

jeesto

крейда

cahsar

година

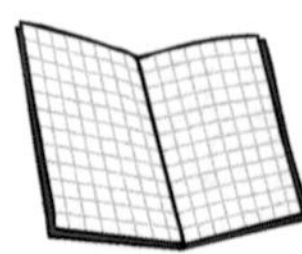

diiwaan

класний журнал

imtixaan

екзамен

shahaado

диплом

direes dugsi

шкільна форма

waxbarasho

освіта

diwaan mowduuceed

лексикон

jaamacad

університет

mayskariskoob

мікроскоп

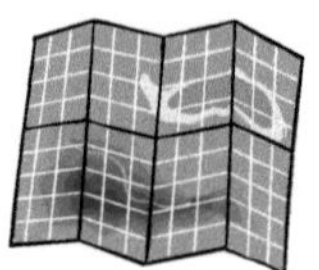

khariidad

карта

haan qashin-gur

кошик для паперу

safar

подорож

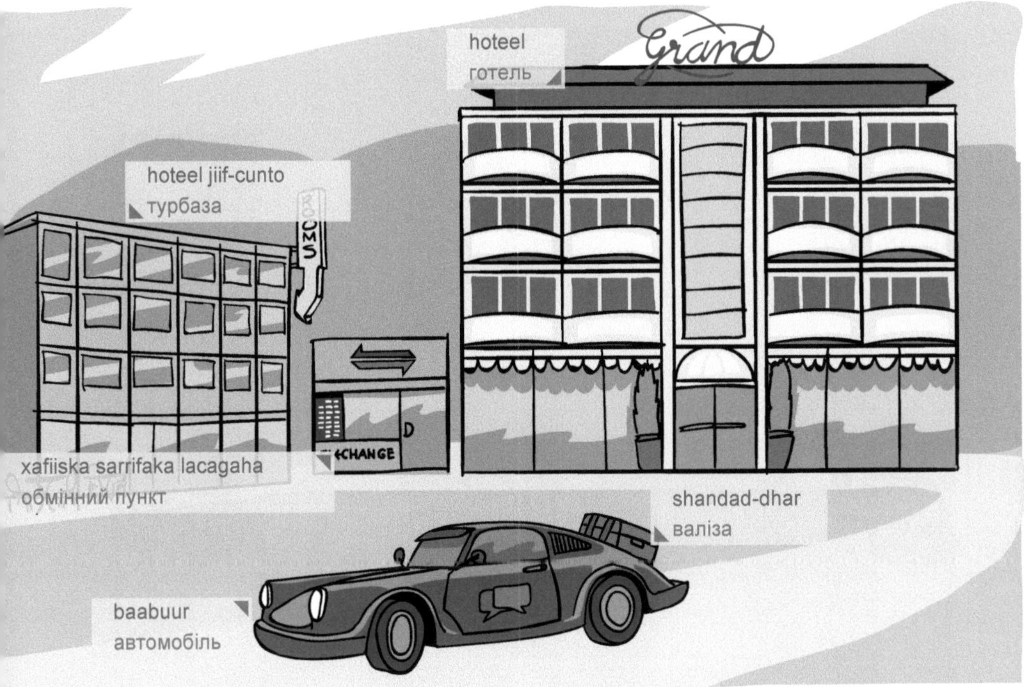

hoteel
готель

hoteel jiif-cunto
турбаза

xafiiska sarrifaka lacagaha
обмінний пункт

shandad-dhar
валіза

baabuur
автомобіль

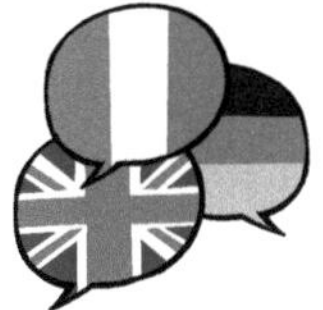

luuqad

мова

haa / maya

так / ні

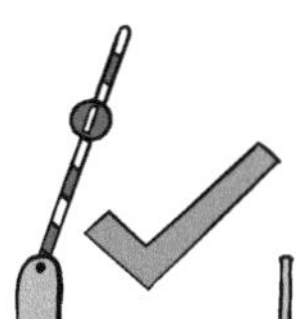

Hagaag

добре

nabad miyaa

привіт

turjumaan

перекладач

Waad mahadsan tahay

дякую

waa immisa…?

Скільки коштує ...?

ma aanan fahamin

Я не розумію

dhibaato

проблема

galab wanaagsan!

Добрий вечір!

subax wanaagsan!

Доброго ранку!

habeen wanaagsan!

На добраніч!

nabad gelyo

До побачення

jiho

напрямок

alaabo

багаж

boorso

сумка

boorso-dhabar

рюкзак

marti

гість

qol

кімната

katiifad

спальний мішок

teendho

намет

xog dalxiis

туристична інформація

xeebta

пляж

kaar amaah

кредитна картка

quraac

сніданок

qado

обід

casho

вечеря

rasiid

квиток

wiish

ліфт

tiimbare

поштова марка

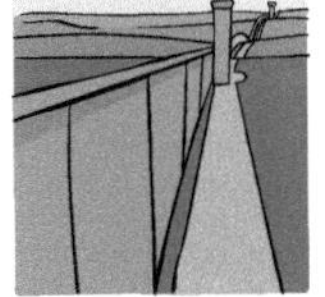

xuduud

межа

qeybta-canshuur-bixinta

митниця

safaarad

посольство

dal ku gal

віза

baasaboor

паспорт

gaadiid

транспорт

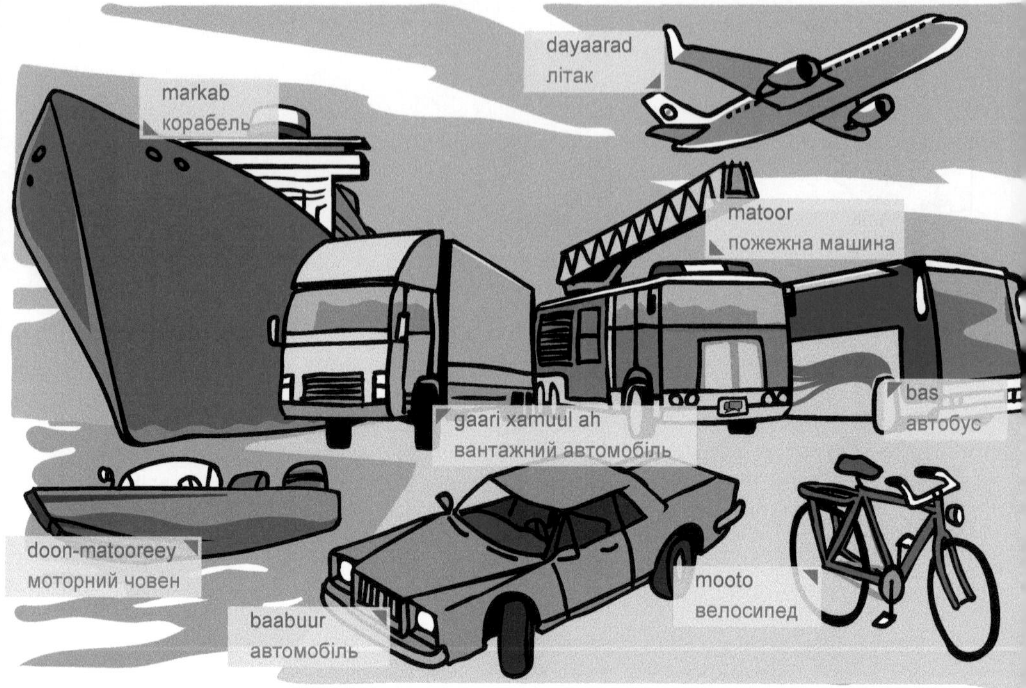

dayaarad
літак

markab
корабель

matoor
пожежна машина

bas
автобус

gaari xamuul ah
вантажний автомобіль

doon-matooreey
моторний човен

mooto
велосипед

baabuur
автомобіль

doon

пором

doonnida

човен

mooto

мотоцикл

baabuur booliis

поліцейська машина

baabuur baratan

гоночний автомобіль

baabuur la-kiraysto

автомобіль на прокат

gaadiid-wadaag

пільне користування авто

wiishle

евакуатор

gaari qashin-gure

сміттєвоз

matoor

двигун

shidaal

паливо

ajib

автозаправна станція

calaamad taraafiko

дорожній знак

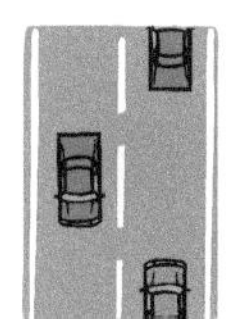

taraafiko

рух

jaam baabuur

затор

baarkin-baabuur

стоянка

boosteejo tareen

вокзал

waddo-tareen

рейки

tareen

потяг

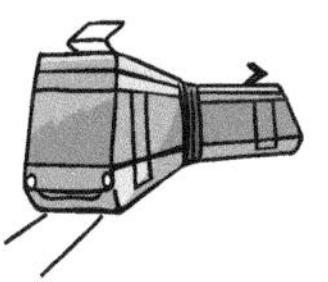

taraam

трамвай

gaari faras

вагон

helikobtar

гелікоптер

garoonka dayuuradaha

аеропорт

manaarad

вежа

rakaab

пасажир

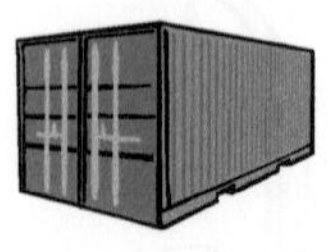

weel

контейнер

kartoon

коробка

gaari faras

візок

dambiil

кошик

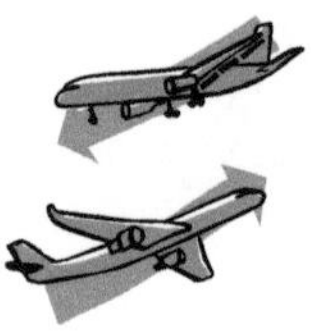

kicid / degis

стартувати / приземлятися

magaalo
місто

tuulo

село

faras magaale

центр міста

guri

дім

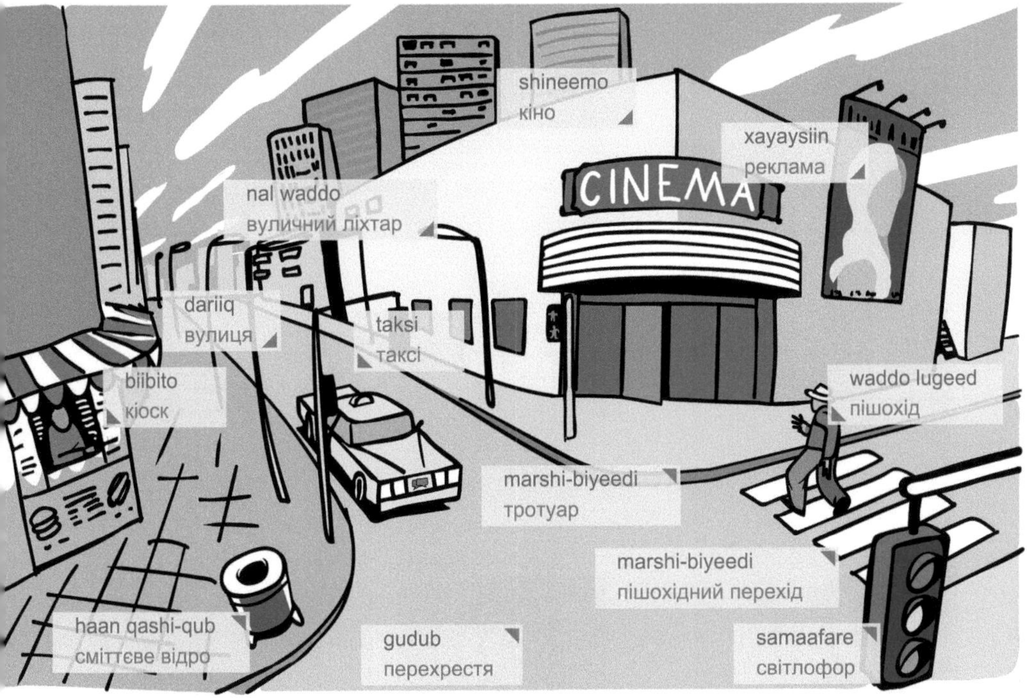

shineemo
кіно

xayaysiin
реклама

nal waddo
вуличний ліхтар

CINEMA

dariiq
вулиця

taksi
таксі

biibito
кіоск

waddo lugeed
пішохід

marshi-biyeedi
тротуар

marshi-biyeedi
пішохідний перехід

haan qashi-qub
сміттєве відро

gudub
перехрестя

samaafare
світлофор

mundul

хатина

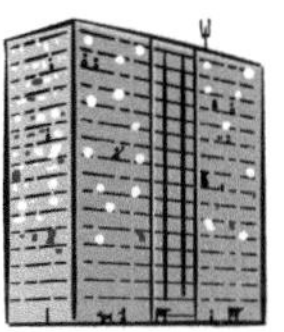

dabaq

квартира

boosteejo tareen

вокзал

xarunta dowladda-hoose

ратуша

matxaf

музей

dugsi

школа

jaamacad

університет

bangi

банк

isbitaal

лікарня

hoteel

готель

farmasi

аптека

xafiis

офіс

buug shoob

книжковий магазин

dukaan

магазин

dukaan ubax

квітковий магазин

carwo

супермаркет

suuq

ринок

suuq weyne

універмаг

kalluun-iibshe

торговець рибою

suuq

торговельний центр

furdo

гавань

jardiino

парк

kursi

лава

buundo

міст

jaraanjaro

сходи

waddo-tareen-hoosaad

метро

waddo-dhul hoose

тунель

boosteejo

автобусна зупинка

baar

бар

makhaayad

ресторан

sanduuq boosto

поштова скринька

calaamad waddo

вулична табличка

joogid-cabbire

лічильник паркування

beer-xayawaan

зоопарк

barkad dabbaalasho

басейн

masaajid

мечеть

beer

ферма

naqas

забруднення навколишнього середовища

qabuuro

кладовище

kaniisad

церква

garoon

дитячий майданчик

macbad

храм

muqaal-dhireed

ландшафт

caleen
листок

calaamad-waddo
вказівний стовп

waddo
шлях

seere
луг

dhagax
камінь

buur korre
мандрівник

geed
дерево

webi
річка

caws
трава

ubax
квітка

dooxo

долина

buur

гора

laag

озеро

kayn

ліс

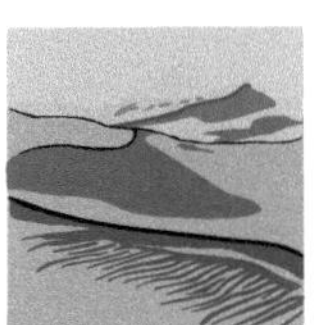

saxare

пустеля

foolkaano

вулкан

qasri

замок

qaanso-roobaad

веселка

barkin-waraabe

гриб

geed timireed

пальма

kaneeco

комар

duqsi

муха

qoraanjo

мурашка

shinni

бджола

caaro

павук

dameer-duudeey

жук

rah

жаба

dabagaalle

вивірка

kashiito

їжак

dabagaalle

заєць

guumeys

сова

shimbir

птах

boolo-boolo

лебідь

doofaar-jilibeey

кабан

deero

олень

faras-duur

лось

biyo-xireen

гребля

tamar-dhaliye

вітряк

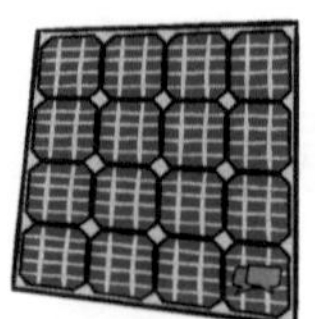

soollar

сонячний модуль

cimilo

клімат

makhaayad
ресторан

kabalyeeri
офіціант

warqad qiimo
меню

kursi
стілець

maraq
суп

biise
піца

alaab
столові прилади

maro-miis
скатертина

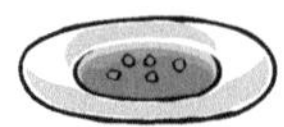

af-billow
закуска

cunto bariimo
друга страва

macmacaan
десерт

cabitaan
напої

cunto
їжа

dhalo
пляшка

cunto diyaarsan

фаст-фуд

cunto-waddo

вулична їжа

jalmad shaah

чайник

weelka sonkorta

цукорниця

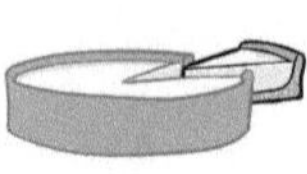

qayb

порція

mashiinka isbareesada

еспресо-машина

kursi dheer

високий стільчик

biil

рахунок

tereey

піднос

mindi

ніж

fargeeto

вилка

qaaddo

ложка

malqacad-shaah

чайна ложка

shukumaan miis

серветка

galaas

склянка

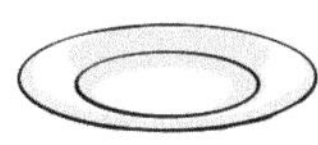

saxan

тарілка

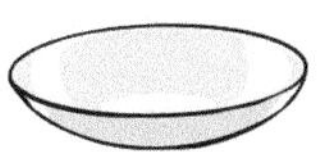

saxanka maraqa

тарілка для супу

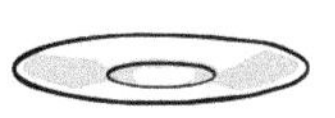

saxan

блюдце

suugo

соус

weelka cusbada

солонка

basbaas shiide

млин для перцю

fixiye

оцет

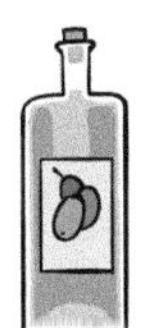

saliid

масло

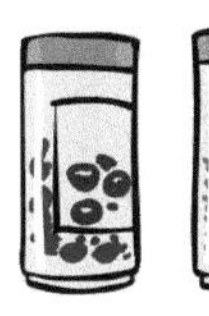

dhandhanaan

спеції

suugo

кетчуп

mastaard

гірчиця

mayoonees

майонез

carwo

супермаркет

qiima dhimis qaas ah
пропозиція

macmiil
клієнт

caano
молочні продукти

miro
фрукти

gaariga adeega
візок для покупок

kawaan
м'ясний магазин

foorno
пекарня

cabbir
зважувати

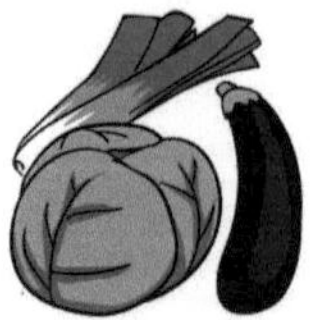

khudaar
овочі

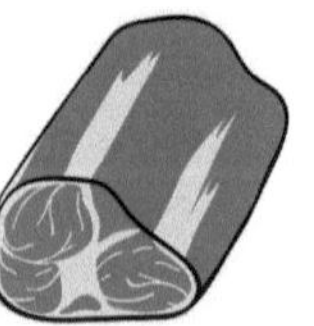

hilib
м'ясо

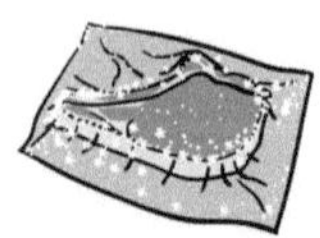

cunto la qaboojiyay
заморожені продукти

hilibka qadada

....

ковбасна нарізка

cunto gasacadeysan

....

консерви

oomo

....

пральний порошок

macmacaan

....

солодощи

alaabada guri

....

предмети домашнього побуту

alaabo nadaafad

....

мийний засіб

iibshe

....

продавщиця

diiwaan lacagta

....

каса

qasnaji

....

касир

liis adeeg

....

список покупок

saacadaha shaqo

....

часи роботи

shandada jeebka

....

гаманець

kaar amaah

....

кредитна картка

bac

....

сумка

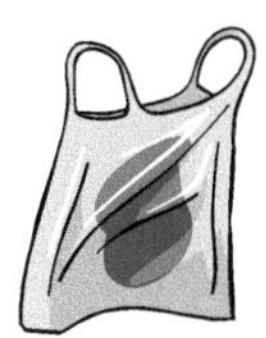

bac

....

поліетиленовий пакет

cabitaan

напої

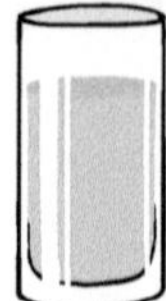

biyo

вода

casiir

сік

caano

молоко

kooka-kola

кола

khamri

вино

biir

пиво

khamri

алкоголь

kooke

какао

shaah

чай

kafee

кава

isberesso

еспресо

koobishiin

капучіно

muus

банан

tufaax

яблуко

liin-bambeelmo

апельсин

qare

кавун

liin

лимон

karooto

морква

toon

часник

baambuu

бамбук

basal

цибуля

barkin-waraabe

гриб

loos

горішки

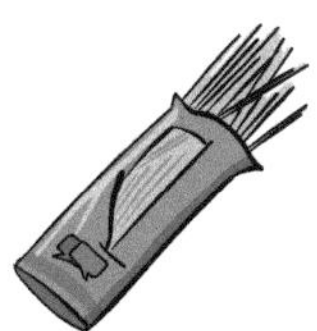

baasto

локшина

baasto

спагеті

bariis

рис

salar

салат

jibsi

картопля фрі

baradho shiilan

смажена картопля

biise

піца

haambeegar

гамбургер

saanwij

бутерброд

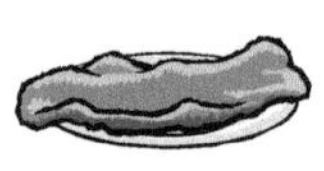

hilib-jiir

шніцель

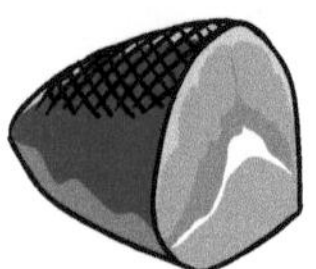

hilib-doofaar

шинка

salami

салямі

sooseej

ковбаса

hilib-digaag

курка

duban

печеня

kalluun

риба

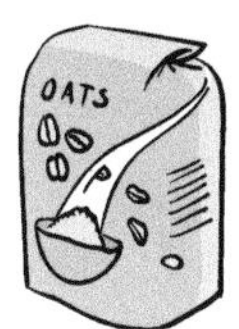

sareenta mashaarida

вівсяні пластівці

quraac isku-dhafan

мюслі

daango

кукурудзяні пластівці

bur

борошно

nooc rooti ah

круасан

rooti

булочка

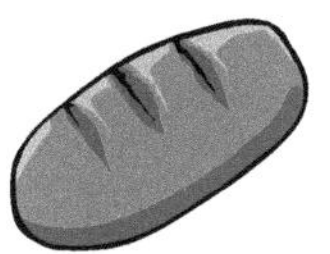

rooti

хліб

rooti-la-kulluleeyey

тостовий хліб

buskud

печиво

subag

масло

hanti

сир

doolsho

пиріг

ukun

яйце

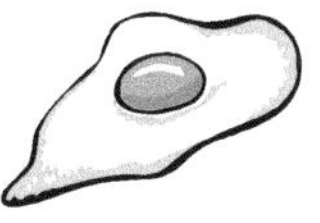

ukun shiilan

яєчня

burcad

сир

jalaato

морозиво

sonkor

цукор

malab

мед

malmalaado

мармелад

labeen macmacaan

нуга-крем

suugo

карі

beer

ферма

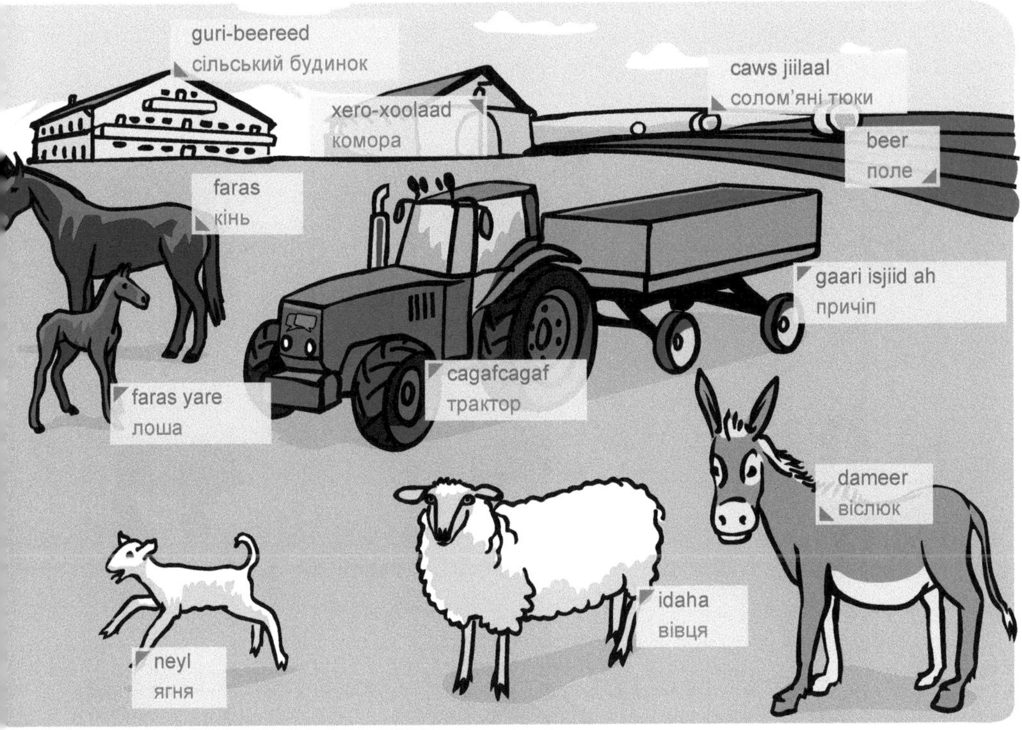

guri-beereed
сільський будинок

xero-xoolaad
комора

caws jiilaal
солом'яні тюки

beer
поле

faras
кінь

gaari isjiid ah
причіп

cagafcagaf
трактор

faras yare
лоша

dameer
віслюк

idaha
вівця

neyl
ягня

ri'
коза

sac
корова

weyl
теля

doofaar
свиня

dhal doofaar
порося

dibi
бик

bawaato lab

гусак

bawaato

качка

jiijiile

курча

digaag

курка

diiq

півень

doolli

щур

bisad

кіт

jiir

миша

dibi

віл

eey

собака

hoyga eeyga

собача будка

tuubbo waraab

садовий шланг

sakeelka waraabinta

лійка

gudin

коса

carro-roge

плуг

gudin

серп

yaambo

мотика

fargeeto caws-beereed

вила

faas

сокира

gaari -gacan

тачка

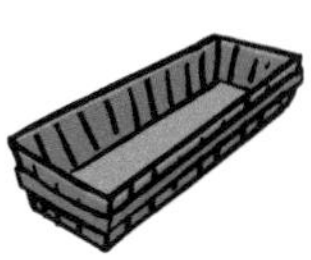

dar

корито

dhalada caanaha

бідон молока

jawaan

мішок

deer

паркан

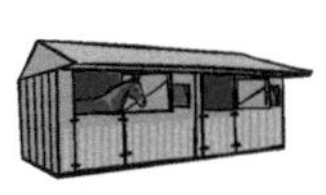

xero xooleed

хлів

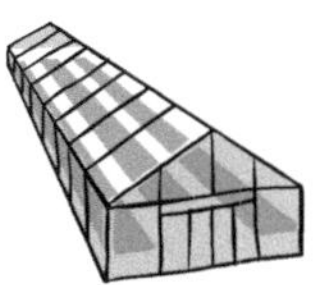

gur-biqlin-dhireed

теплиця

ciidda

ґрунт

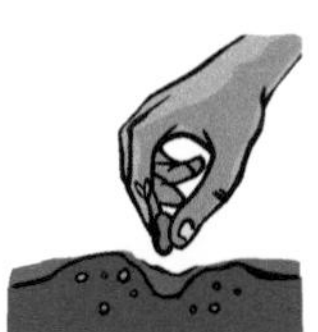

abuuka

насіння

bacrimiye

добриво

cagafta beer-goynta

комбайн

beer-goyn

пожинати

beer-gooyn

урожай

moxog

корінь ямсу

sarreen

пшениця

soya

соя

baradho

картопля

galley

кукурудза

geed-saliideed

ріпак

geed mirood

плодове дерево

moxog

маніок

firiley

злаки

guri

дім

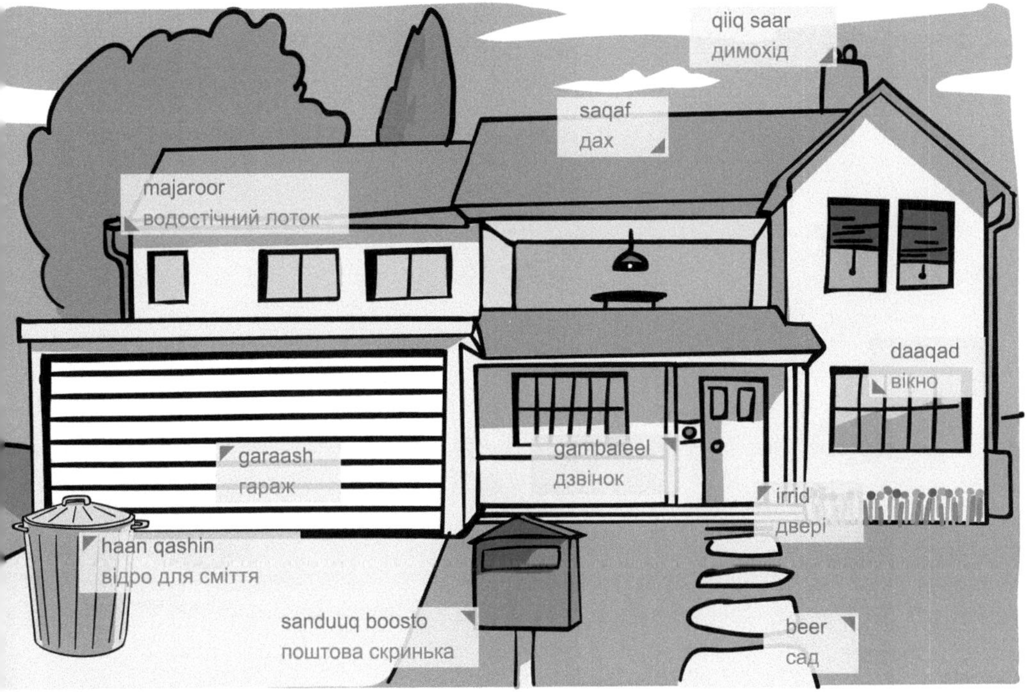

qiiq saar
димохід

saqaf
дах

majaroor
водостічний лоток

daaqad
вікно

garaash
гараж

gambaleel
дзвінок

irrid
двері

haan qashin
відро для сміття

sanduuq boosto
поштова скринька

beer
сад

qol jiib
вітальня

musqul-qubeys
ванна кімната

jiko
кухня

qolka jiifka
спальня

qolka ilmaha
дитяча кімната

qolka cuntada
їдальня

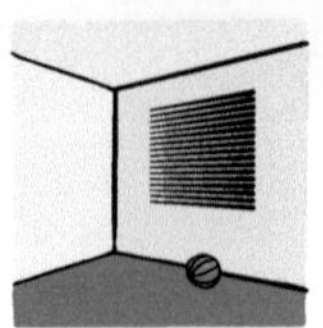

sagxad

підлога

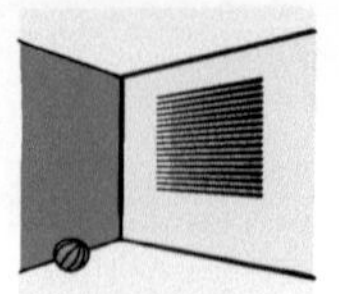

derbi

стіна

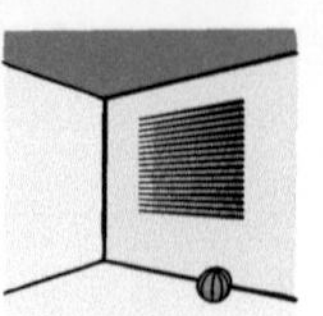

saqaf

стеля

makhaasiin

підвал

soona

сауна

balakoon

балкон

daarad

тераса

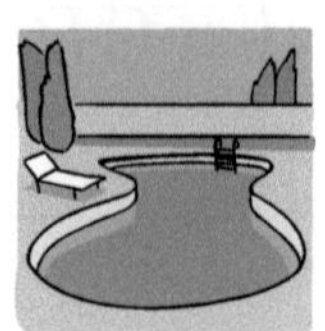

barkad

басейн

caws-jare

косарка

buste

простирало

go'

ковдра

sariir

ліжко

xaaqin

мітла

baaldi

відро

daare-damiye

перемикач

qol jiib

вітальня

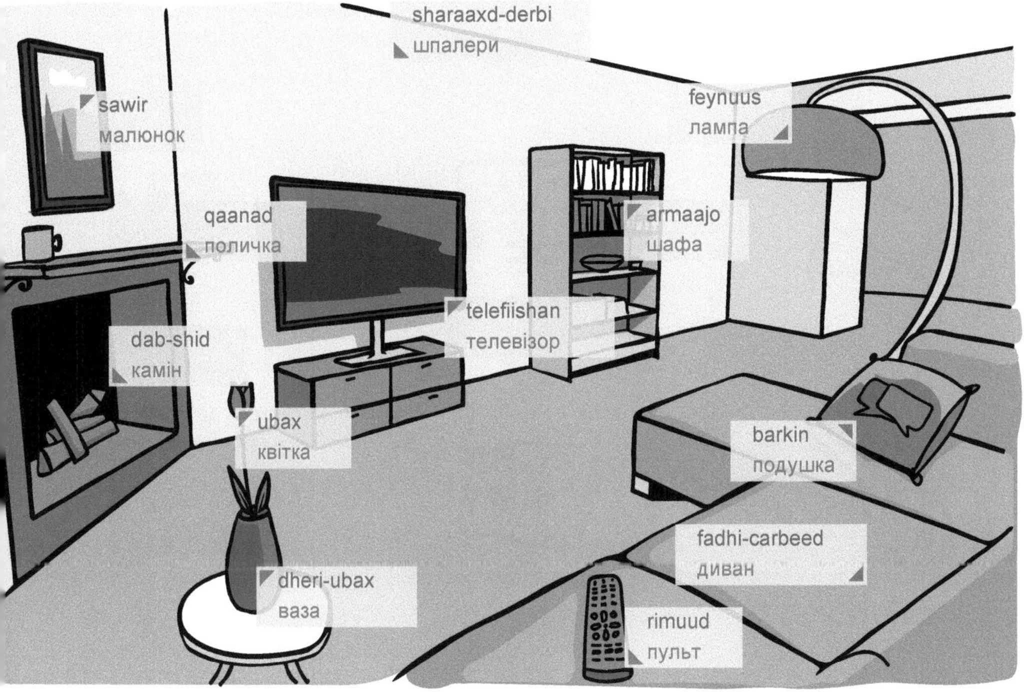

sharaaxd-derbi
шпалери

sawir
малюнок

feynuus
лампа

qaanad
поличка

armaajo
шафа

telefiishan
телевізор

dab-shid
камін

ubax
квітка

barkin
подушка

fadhi-carbeed
диван

dheri-ubax
ваза

rimuud
пульт

roog
....
килим

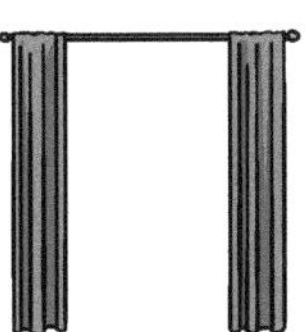

daah
....
завіса

miis
....
стіл

kursi
....
стілець

kursi wareega
....
крісло-гойдалка

kursi fadhi
....
крісло

buug

книга

buste

ковдра

qurxin

прикраса

xaabo

дрова

filin

фільм

cod-baahiye

стереосистема

fure

ключ

wargeys

газета

rinjiyeyn

картина

tabeelo

плакат

raadiye

радіо

xusuus-qor

блокнот

huufar

пилосос

tiitiin

кактус

shumac

свічка

jiko

кухня

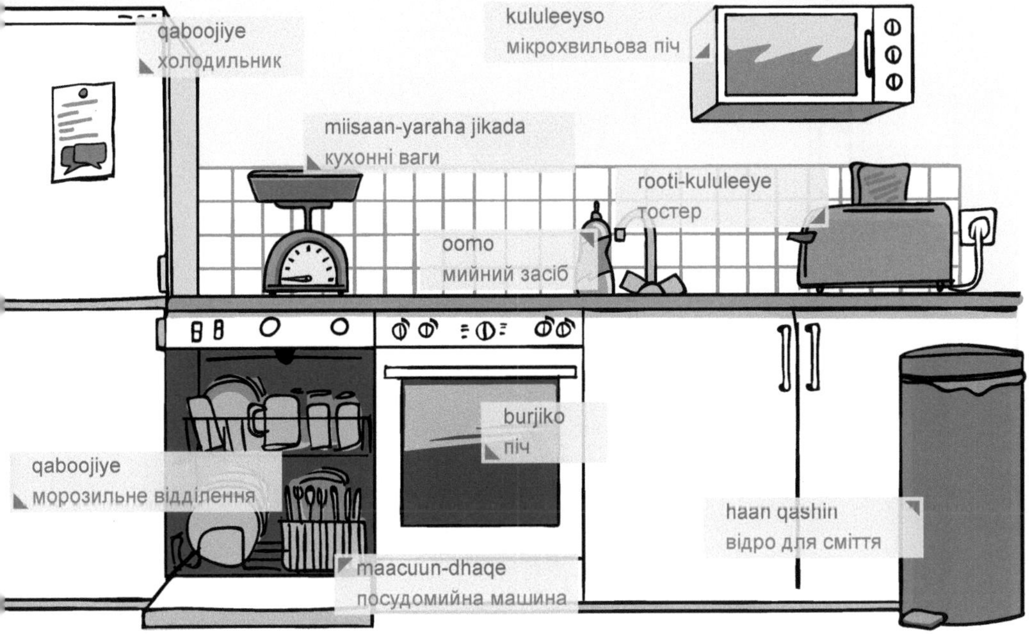

qaboojiye
холодильник

kululeeyso
мікрохвильова піч

miisaan-yaraha jikada
кухонні ваги

rooti-kululeeye
тостер

oomo
мийний засіб

burjiko
піч

qaboojiye
морозильне відділення

haan qashin
відро для сміття

maacuun-dhaqe
посудомийна машина

kuuker

плита

dheri

горщик

birtaawo

чавунний горщик

birtaawo

вок / кадай

birtaawo

сковорода

kirli

чайник

uumiye

пароварка

saxaarad dubista

лист

maacuun

посуд

bakeeri

кухоль

baaquli

чаша

qoryo wax lagu cuno

палички для їжі

malqacad

черпак

qaado

лопатка

folow

вінчик для збивання

miire

сито

shashaq

сито

qudaar-jare

терка

mooye

ступка

hilib-sol

барбекю

dab

багаття

alwaaxa wax-jar-jarka

дошка

ul jabaati

качалка

guf-saare

штопор

gasac

консерва

gasac-fure

відкривачка

istaraasho-jiko

прихватки

saxanka-alaab-dhaqa

раковина

caday

щітка

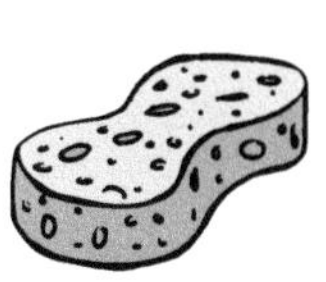

isbuunyo

губка

shiide

міксер

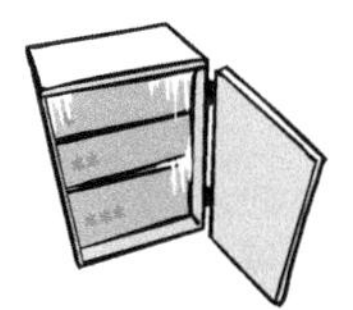

qaabojin qoto-dheer

морозильна камера

masaasad

дитяча пляшка

tuubbo

кран

musqul-qubeys
ванна кімната

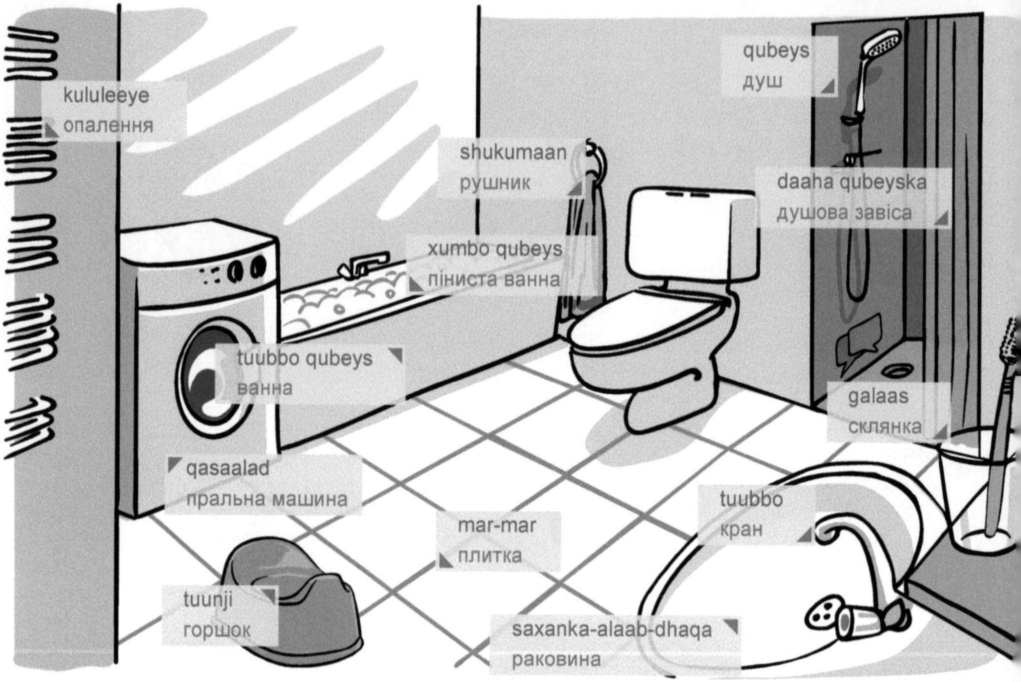

kululeeye
опалення

shukumaan
рушник

qubeys
душ

daaha qubeyska
душова завіса

xumbo qubeys
пiниста ванна

tuubbo qubeys
ванна

galaas
склянка

qasaalad
пральна машина

tuubbo
кран

mar-mar
плитка

tuunji
горшок

saxanka-alaab-dhaqa
раковина

musqul
туалет

musqusha fadhiga
підлоговий туалет

siin
біде

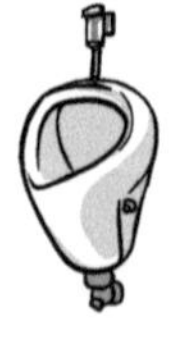

weel kaadi
пісуар

tiish musqul
туалетний папір

burushka musqusha
щітка для туалету

caday

зубна щітка

daawo caday

зубна паста

dunta ilka farashada

нитка для чищення зубів

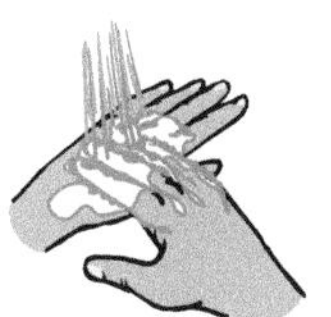

dhaq

мити

gacan qubeys

ручний душ

tuubo-musqul

інтимний душ

beeshin

таз

burush-qubeys

щітка для спини

saabuun

мило

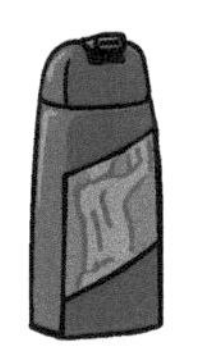

shaambo

гель для душу

shaambo

шампунь

cago-saar

мочалка

biyo-saare

водостік

kareem

крем

carfiso

дезодорант

muraayad

дзеркало

muraayad gacmeed

косметичне дзеркало

sakiin

бритва

xumbada xiirashada

піна для гоління

daawo gar-xiir

лосьйон після гоління

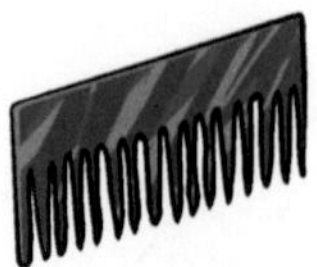

shanlo

гребінь

burush

щітка

fooneeye

фен

timo-buufis

лак для волосся

waji-qurxiye

косметика

rooseeto

губна помада

cidiyo-nadiifiye

лак для нігтів

dun

вата

cidiyo-jar

ножиці для нігтів

baarafuun

парфум

boorso-wajidhaq

косметичка

saxaro

табурет

miisaan culays

ваги

dhar-qubeys

халат

gacma gashi cinjir

гумові рукавички

tambooni

тампон

tiimshe

гігієнічні прокладки

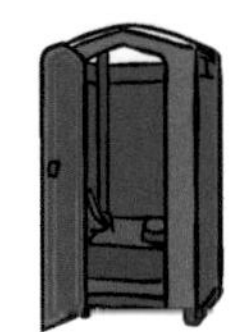

musqul kiimiko

біотуалет

qolka ilmaha

дитяча кімната

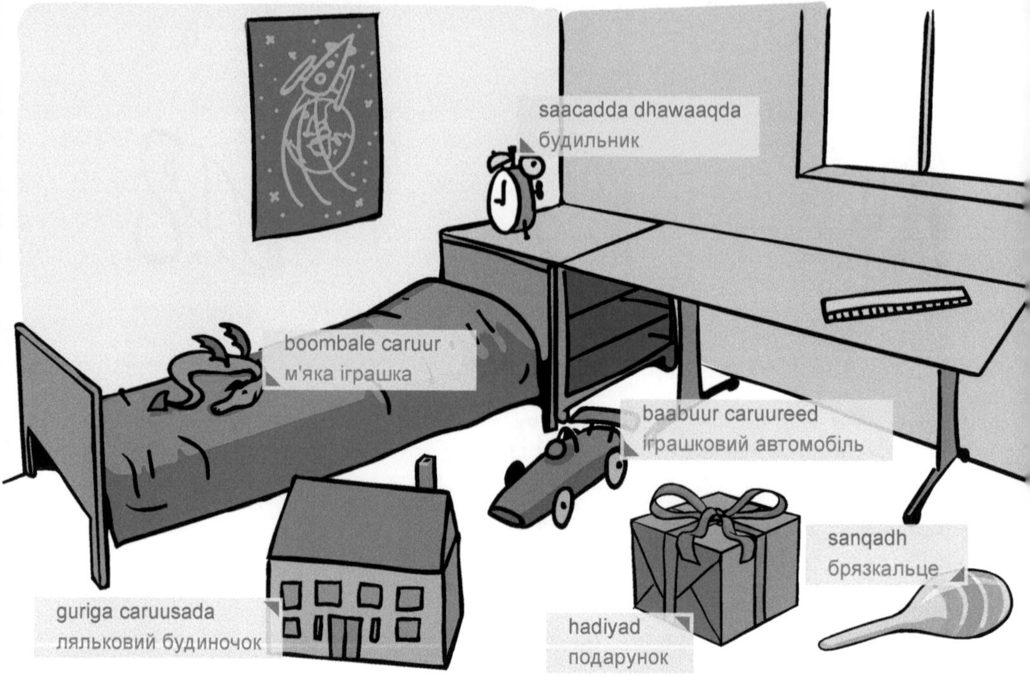

saacadda dhawaaqda
будильник

boombale caruur
м'яка іграшка

baabuur caruureed
іграшковий автомобіль

sanqadh
брязкальце

guriga caruusada
ляльковий будиночок

hadiyad
подарунок

buufin

повітряна кулька

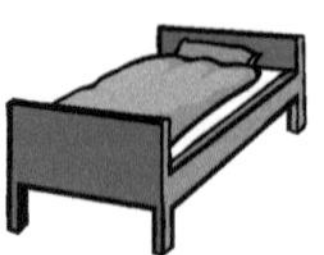

sariir

ліжко

gaariga caruurta

дитячий візок

turub

картярська гра

miinshaar

пазл

maad

комікс

bulkeeti boombale ah

лего цеглинки

tooy

блоки

sanam

іграшкова фігурка

isku-jooga dhallaanka

повзунки

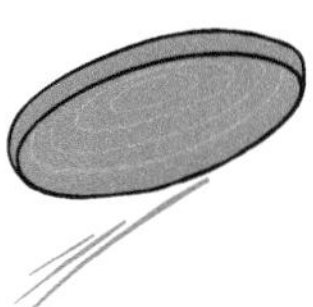

aalad cayaar

фризбі

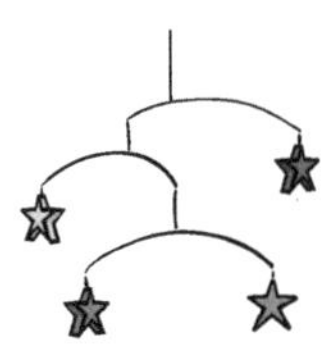

moobaayl

мобіле

khamaar

настільна гра

laadhuu

кубик

moodo tareen

модель залізнична станція

boombale

соска

xaflad

вечірка

buug sawirro

книжка з картинками

kubbad

м'яч

boombale

лялька

cayaar

грати

dhoobo-dhoobeey

пісочниця

wiifoow

гойдалка

alaab-alaabeey

іграшка

geemka gacanta laga hago

гральна консоль

baaskiil

триколісний велосипед

boombale

плюшевий мішка

armaajo dhar

шафа

dhar

одяг

sigisaan

шкарпетки

sigsaan haween

панчохи

surwaal-dhuuqsan

колготки

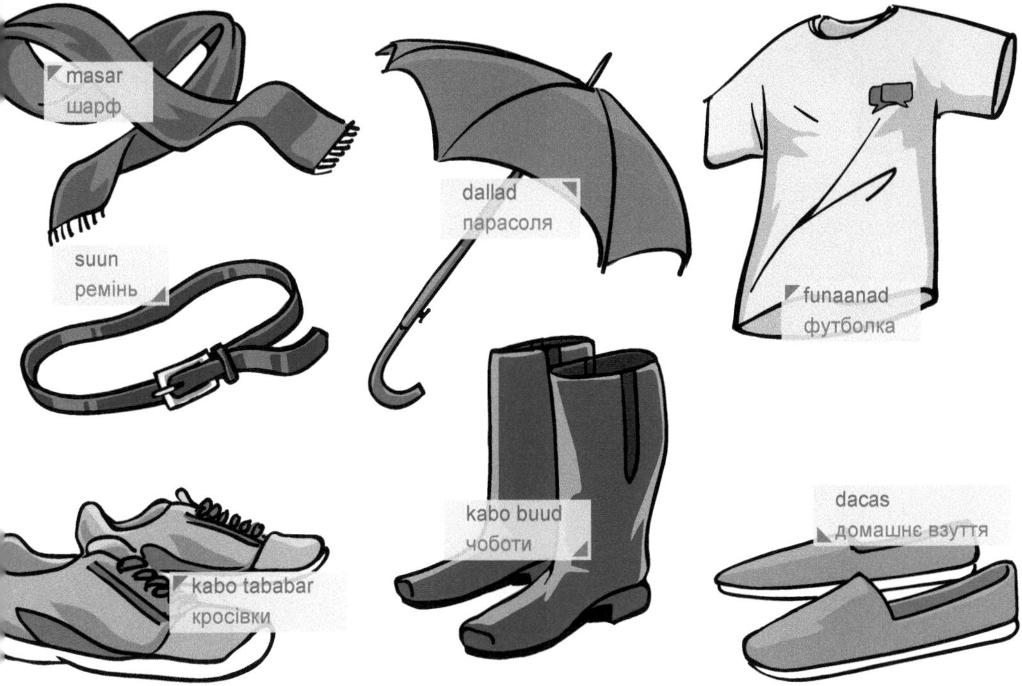

masar
шарф

dallad
парасоля

funaanad
футболка

suun
ремінь

kabo buud
чоботи

dacas
домашнє взуття

kabo tababar
кросівки

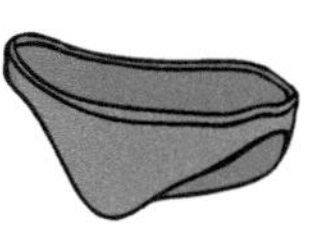

saandalo

сандалі

kabo

взуття

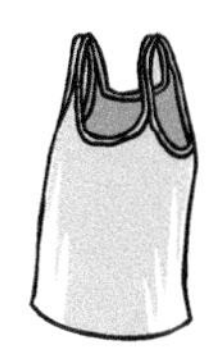

kabo roob

гумові чоботи

hoos-gashi

труси

rajabeeto

бюстгальтер

garan

нижня сорочка

jir

боді

surwaal

штани

surwaal jeenis

джинси

goono

спідниця

canbuur

блузка

shaati

сорочка

funaanad-dhaxameed

пуловер

garan dhaxameed

светр

jaakad fudud

піджак

jaakad

куртка

koodh

пальто

koodhka roobka

дощовик

dhar-munaasabadeed

костюм

labbis

сукня

lebbis aroos

весільна сукня

suut

костюм

dhar-hurdo

нічна сорочка

bajaamo

піжама

saari

сарі

masar

головна хустка

cimaamad

чалма

cabaayad

бурка

saako

кафтан

cabaayad

абая

dharka-dabaasha

купальник

dabo-gaabyo

плавки

surwaal-dabagaab

шорти

taraak-suut

тренувальний костюм

dufan-dhowr

фартух

gacmo gashi

рукавички

galluus

гудзик

ookiyaale

окуляри

jijin

браслет

silis

ланцюг

faraati

кільце

dhego dhego

сережка

koofiyo

шапка

katabaan

плічка

koofiyad

капелюх

garabaati

краватка

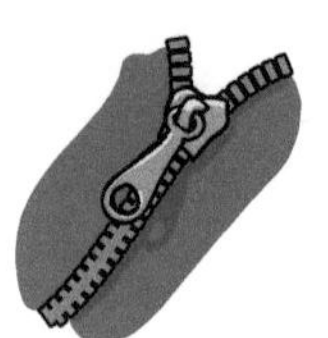

jiinyeer

застібка-блискавка

helmed

шолом

ilko-reeb

підтяжки

direes dugsi

шкільна форма

direes

уніформа

cayo-dhowr

нагрудник

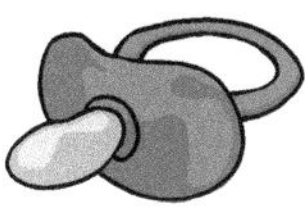

boombale

соска

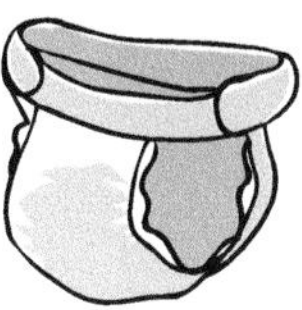

maro-dufeed

підгузок

xafiis

офіс

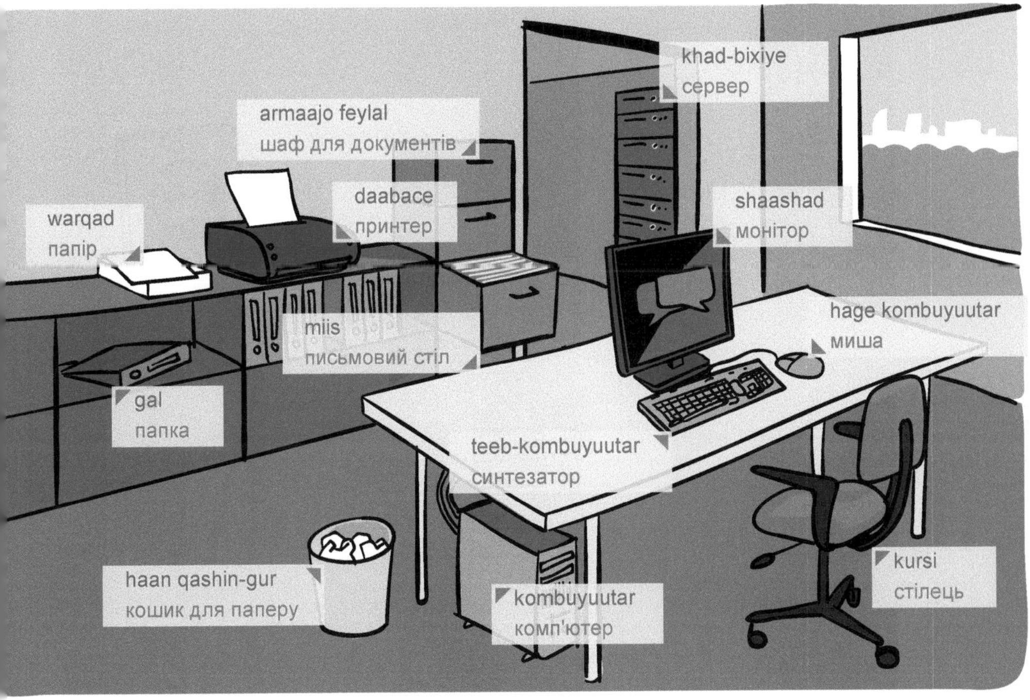

khad-bixiye
сервер

armaajo feylal
шаф для документів

daabace
принтер

warqad
папір

shaashad
монітор

hage kombuyuutar
миша

miis
письмовий стіл

gal
папка

teeb-kombuyuutar
синтезатор

kursi
стілець

haan qashin-gur
кошик для паперу

kombuyuutar
комп'ютер

koob kafee

кавовий кухоль

kalkuleytar/xisaabiye

калькулятор

internet

інтернет

laabtoob

ноутбук

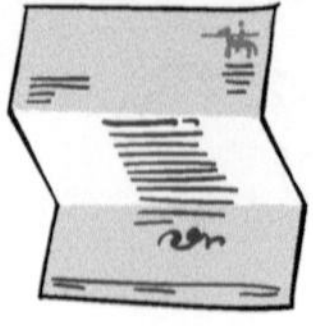

bakhshad

лист

fariin

повідомлення

moobaayl

мобільний телефон

shabakad-kombuyuutar

мережа

footokoobi

копіювальний пристрій

barnaamij-kombuyuutar

програмне забезпечення

telefoon

телефон

god koronto

розетка

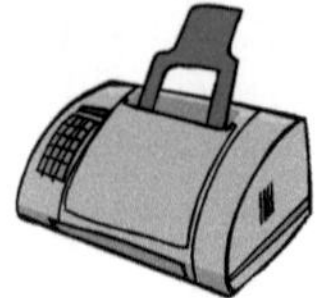

mishiinkan fax-ka

факс

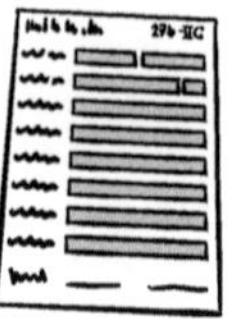

foomka

бланк

dokumenti

документ

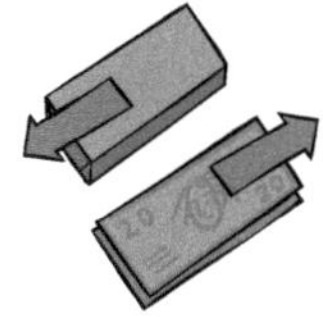

iibso
купувати

bixi
платити

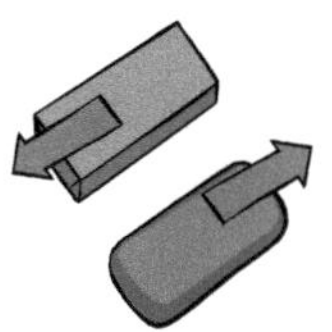

ganacso
торгувати

lacag
гроші

doollar
долар

yuuro
євро

yenka jabbaan
ієна

robolka ruushka
рубль

Franka iswiiska
франк

lacagta shiinaha
юанів женьміньбі

rubiyada hindiga
рупія

maqal
банкомат

xafiiska sarrifaka lacagaha

....

обмінний пункт

dahab

....

золото

qalin

....

срібло

shidaal

....

нафта

tamar

....

енергія

qiime

....

ціна

qandaraas

....

контракт

canshuur

....

податок

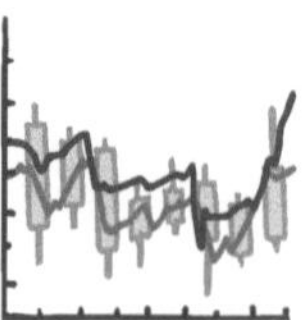

raasumaal

....

акція

shaqee

....

працювати

shaqaale

....

працівник

shaqaaleysiiye

....

роботодавець

warshad

....

фабрика

dukaan

....

магазин

shaqooyin
професії

sarkaal booliis
поліцейський

dab-demiye
пожежник

cunto-kariye
повар

dhakhtar
лікар

duuliye
пілот

beeralley

садівник

nijaar

столяр

timo-qurxiso

швачка

qaaddi

суддя

farmashiiste

хімік

jile

актор

darawal bas

....

водій автобуса

taksiile

....

таксист

kalluumeyste

....

рибалка

nadiifiso

....

прибиральниця

saqaf-dhise

....

покрівельник

kabalyeeri

....

офіціант

ugaarsade

....

мисливець

rinjiile

....

художник

rooti-dube

....

пекар

koronto-yaqaan

....

електрик

dhise

....

будівельник

injineer

....

інженер

kawaanle

....

забійник

tuubbiiste

....

бляхар

boostaale

....

листоноша

askari

солдат

injineer-dhismo

архітектор

qasnaji

касир

ubax-yaqaan

флорист

timo-jare

перукар

kiro-uruuriye

кондуктор

makaanik

механік

kabtan

капітан

dhakhtar-ilko

дантист

saaynisyahan

вчений

wadaad yahuud

рабин

imaam

імам

xerow

монах

wadaad

пастор

qalab

інструменти

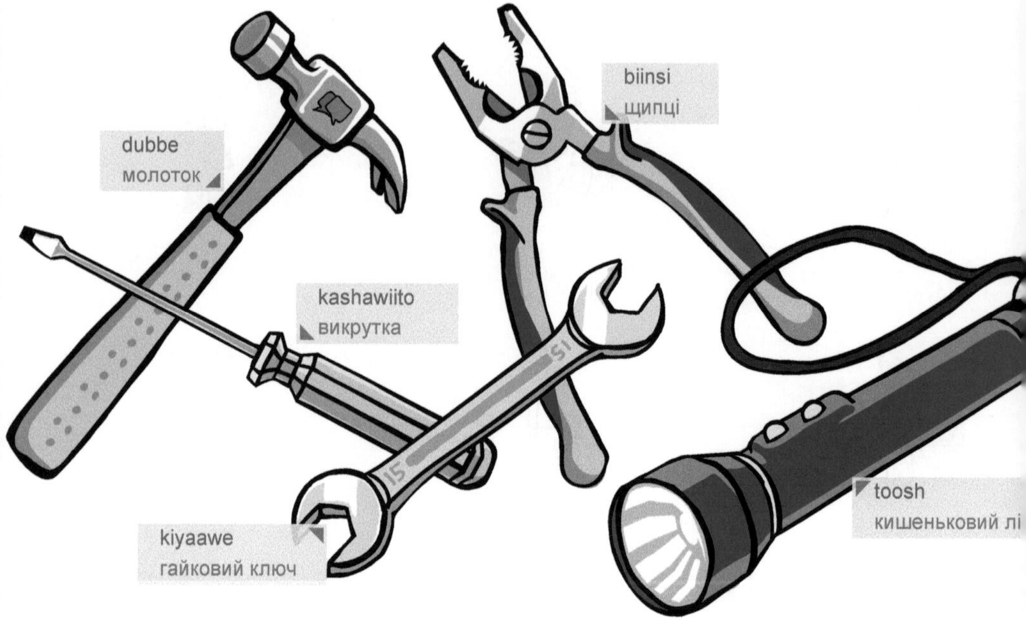

dubbe
молоток

biinsi
щипці

kashawiito
викрутка

kiyaawe
гайковий ключ

toosh
кишеньковий лі

dhul-qoddo

екскаватор

qalab-xajiye

ящик для інструментів

jaraanjaro

драбина

miinshaar

пилка

musbaarro

цвяхи

dalooliye

свердло

dayactir

ремонтувати

badiil

лопата

inkaar kugu dhacday!

лайно!

bus-xaabiye

совок

gasacad rinji

відро з фарбою

boolal

гвинти

qalab muusiko
музичні інструменти

samacad
динамік

digsi
ударна установка

kataarad
гітара

kataarad guux-weyn
контрабас

turumbo
труба

biyaano

фортепіано

fiyooliin

скрипка

karaarad guux-dheer

бас

durbaan-sheegagle

литаври

durbaan

барабан

loox-xarfeed-biyaano

клавіатура

turumbo

саксофон

siin-baar

флейта

makarafoon

мікрофон

beer-xayawaan

зоопарк

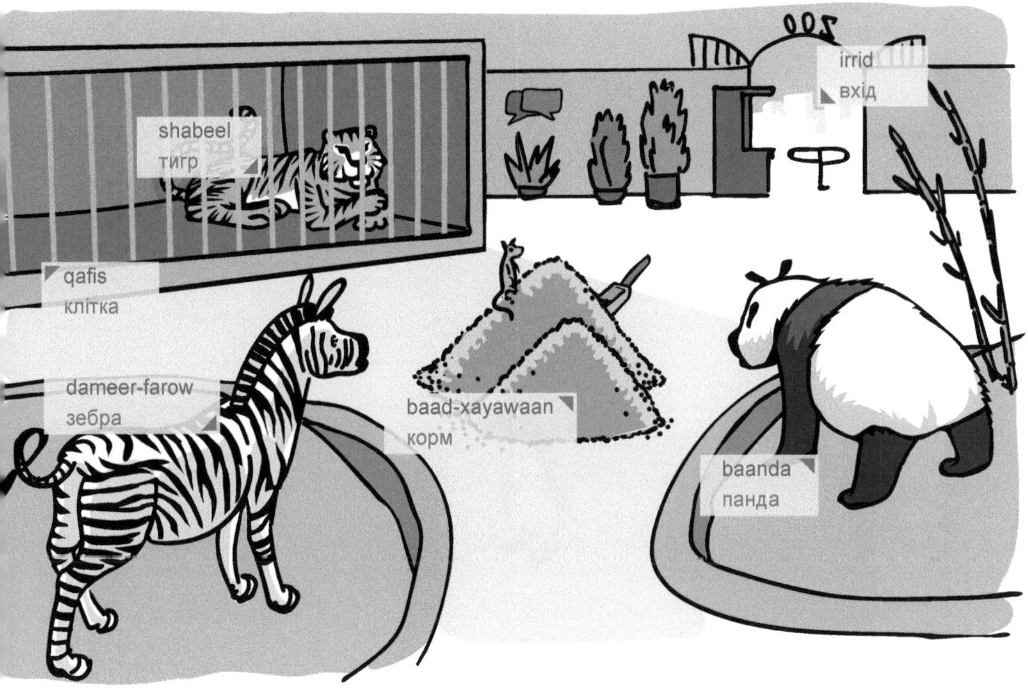

shabeel
тигр

irrid
вхід

qafis
клітка

dameer-farow
зебра

baad-xayawaan
корм

baanda
панда

xayawaan

тварини

maroodi

слон

kaangaruu

кенгуру

wiyil

носоріг

goriille

горила

oorso

ведмідь

geel

верблюд

gorayo

страус

libaax

лев

daanyeer

мавпа

xiita-luga-dheer

фламінго

baqbaqaa

папуга

oorso baraf-ku-nool

білий ведмідь

shimbir baraf

пінгвін

libaax-badeed

акула

daa'uus

павич

mas

змія

yaxaas

крокодил

beer-xayawaan ilaaliye

працівник зоопарку

bahal kalluun-cun

тюлень

shabeel-u-eke

ягуар

dhal faras

поні

harmacad

леопард

jeer

гіпопотам

geri

жираф

gorgor

орел

doofaar-jilibeey

кабан

kalluun

риба

qubo

черепаха

maroodi-badeed

морж

dawaco

лисиця

deero

газель

isboortiga

спорт

kubadda cagta
футбол

baadminton
бадмінтон

ciyaaraha fudud
легка атлетика

kubadda gacanta
гандбол

iskii/ciyaarta barafka
лижні перегони

cayaar-faras
поло

qosol
сміятися
boodid
стрибати
hab-siin
обіймати
soco
йти
hees
співати
riyo
мріяти
duceyso
молитися
dhunkasho
цілувати
qorraxeed
писати
masawirid
малювати
muuji
показувати
riix
тиснути
sii
давати
qaado
брати

haysasho

мати

samee

робити

ahaansho

бути

istaag

стояти

orod

бігати

jiid

тягнути

tuur

кидати

dhicid

падати

been-sheegid

лежати

sug

очікувати

qaad

носити

fariiso

сидіти

labiso

одягати

seexo

спати

toos

просипатися

fiiri

дивитися

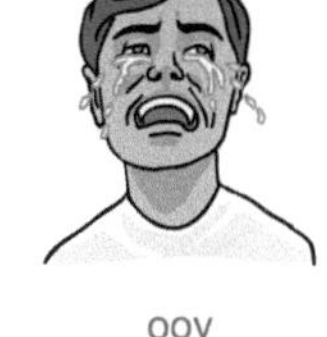

ooy

плакати

dhuftay

гладити

shanleyso

розчісувати

hadal

розмовляти

faham

розуміти

weydii

питати

dhageysasho

слухати

cab

пити

cun

їсти

habee

прибирати

jacayl

любити

kari

варити

kaxee

їхати

duulid

літати

shiraaco

йти під вітрилом

xisaabi

рахувати

akhri

читати

barasho

вчитися

shaqee

працювати

guurso

одружуватися

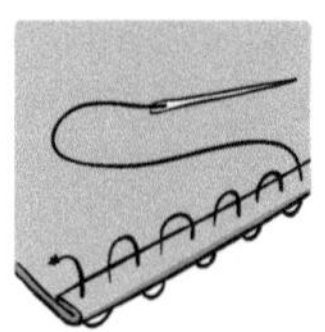

tol

шити

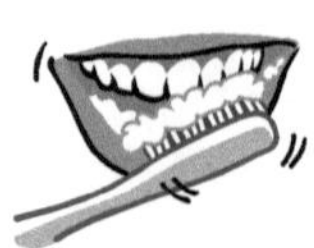

cadayso

чистити зуби

dilid

убивати

sigaar cab

курити

dir

посилати

qoys
сім'я

ayeeyo
бабуся

awoowe
дідуся

aabbe
батько

hooyo
мати

ilmo
немовля

gabar
донька

wiil
син

marti
гість

eeddo
тітка

adeer
дядько

walaal rag
брат

walaal dumar
сестра

jir

тіло

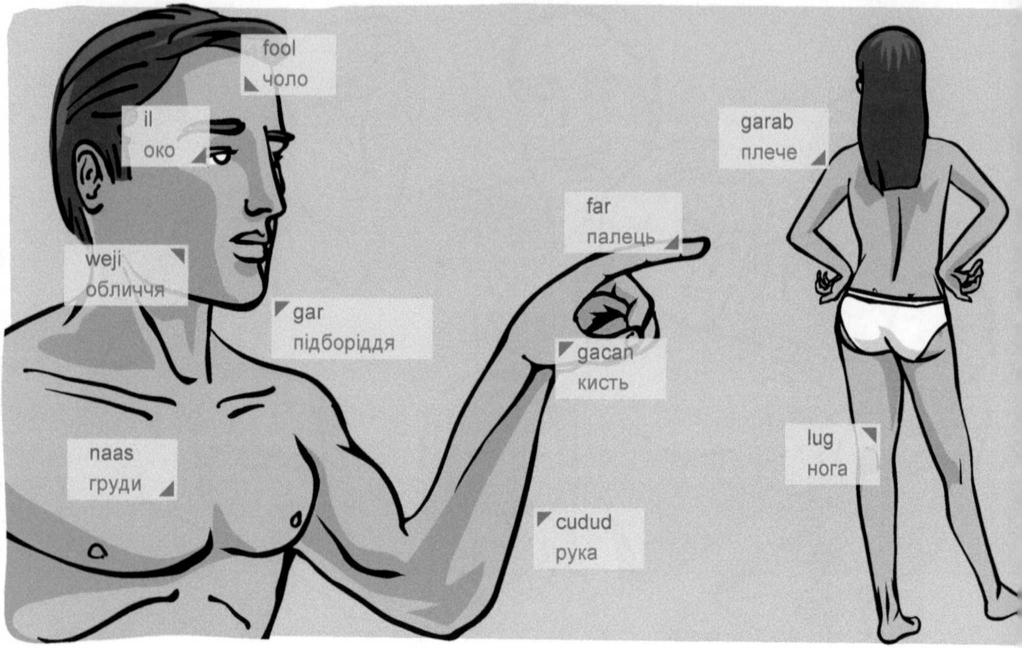

fool
чоло

il
око

garab
плече

far
палець

weji
обличчя

gar
підборіддя

gacan
кисть

naas
груди

lug
нога

cudud
рука

ilmo

немовля

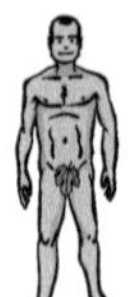

nin

чоловік

naag

жінка

gabar

дівчина

wiil

хлопчик

madax

голова

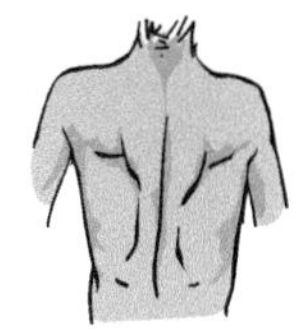

dhabar

спина

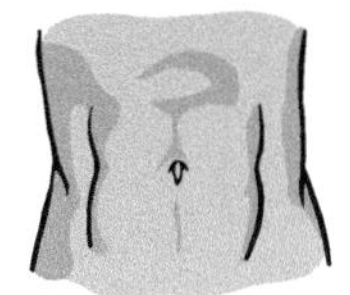

calool

живіт

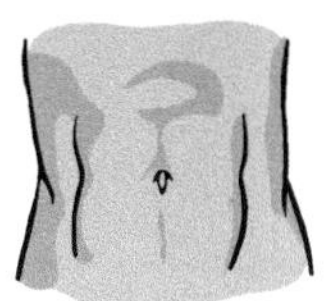

xuddun

пуп

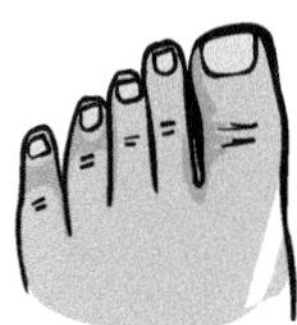

suul

палець ноги

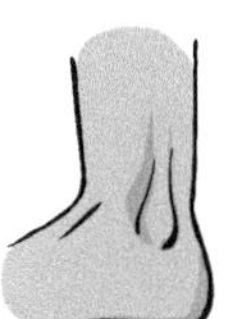

cirib

п’ята

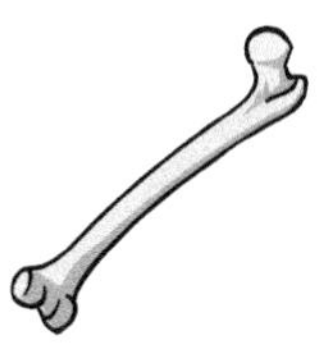

laf

кістка

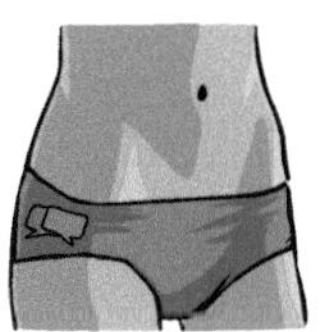

sin

стегно

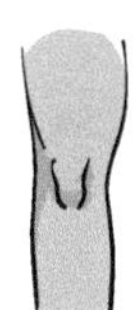

jilib

коліно

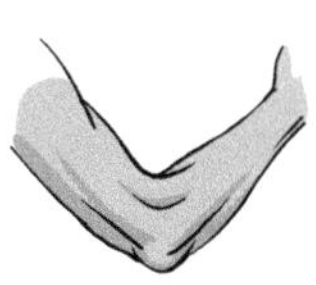

xusul

лікоть

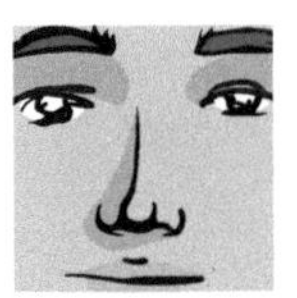

san

ніс

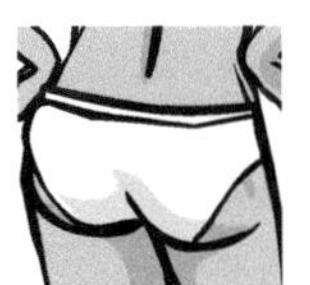

bari

сідниці

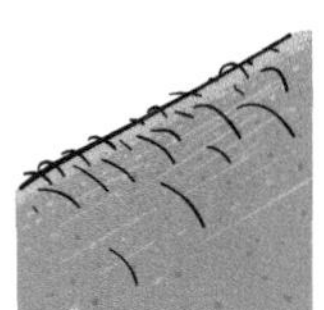

maqaar

шкіра

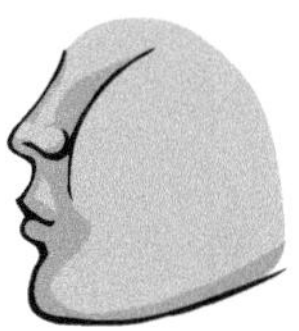

dhafoor

щока

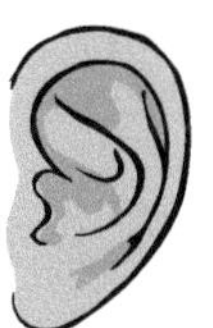

dheg

вухо

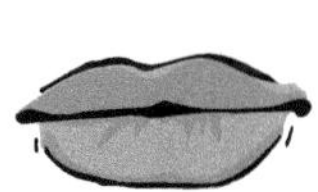

bishin

губа

af

рот

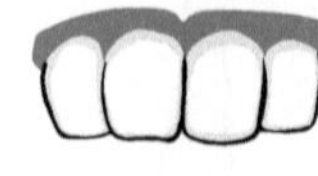

ilig

зуб

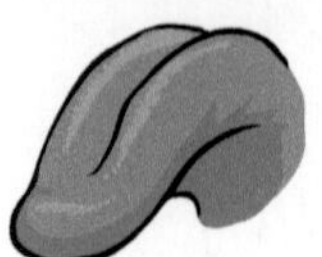

carrab

язик

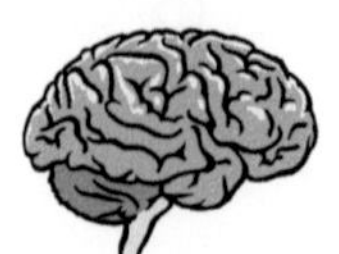

maskax

мозок

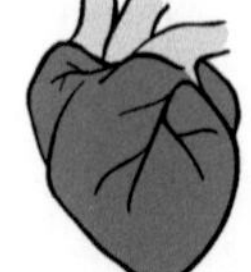

wadno

серце

muruq

м'яз

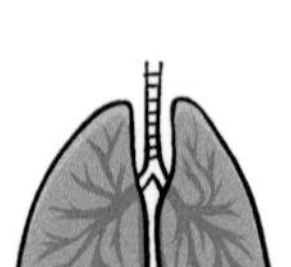

sambab

легені

beer

печінка

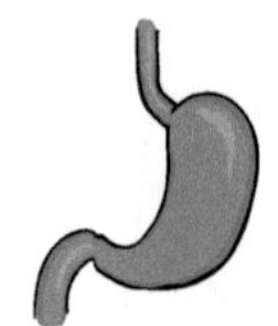

uur kujirta caloosha

шлунок

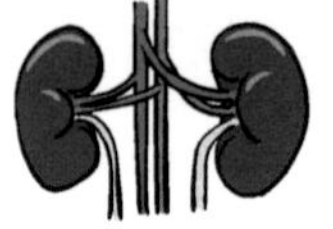

kelyo

нирки

galmo

статевий акт

cinjir-galmo

презерватив

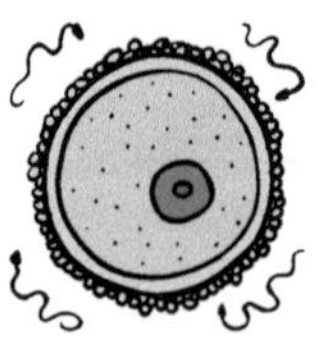

ugxan

яйцеклітина

shahwo

сперма

uur

вагітність

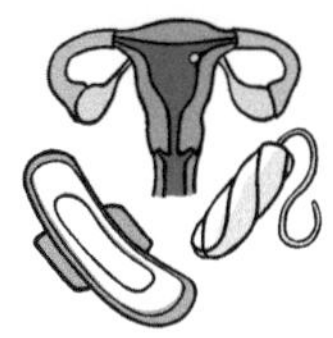

caado

менструація

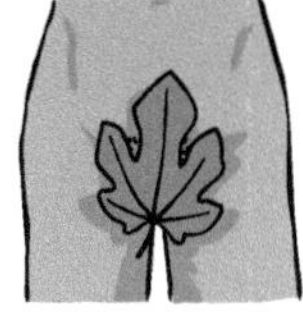

siil

вагіна

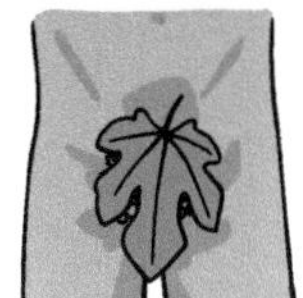

gus

пеніс

suni

брова

timo

волосся

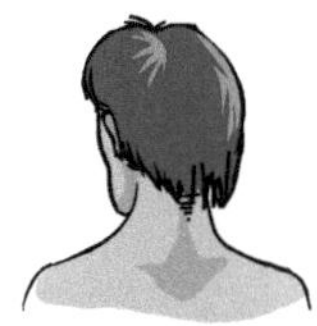

qoor

шия

isbitaal

лікарня

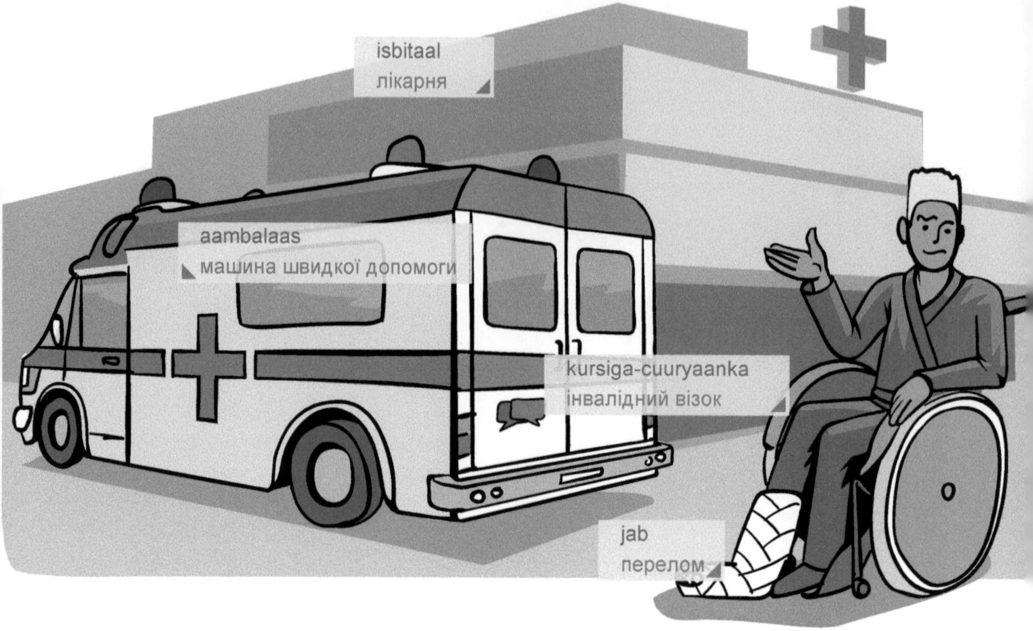

isbitaal
лікарня

aambalaas
машина швидкої допомоги

kursiga-cuuryaanka
інвалідний візок

jab
перелом

dhakhtar

лікар

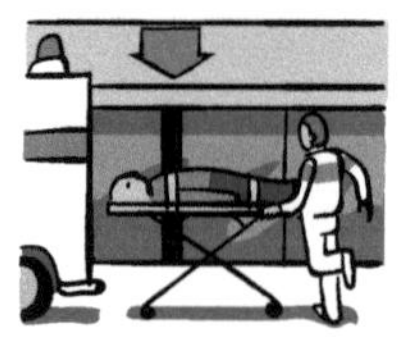

qolka xaaladaha-degdega ah

відділення швидкої медичної допомоги

kalkaaliye

медсестра

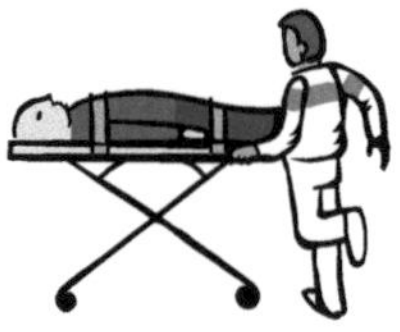

xaalad deg-deg ah

аварійний випадок

miyir-beelsan

непритомний

xanuun

біль

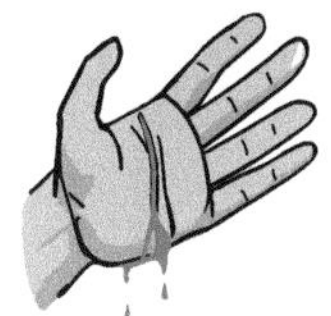

dhaawac

травма

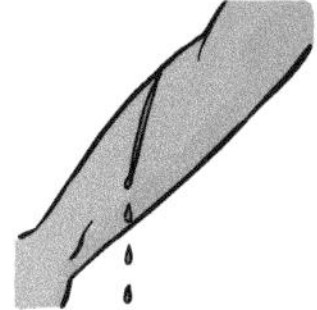

dhiig-bax

кровотеча

wadno-xanuun

інфаркт

qallal

інсульт

xasaasiyad

алергія

qufac

кашель

qandho

лихоманка

hargab

грип

shuban

пронос

madax-xanuun

головна біль

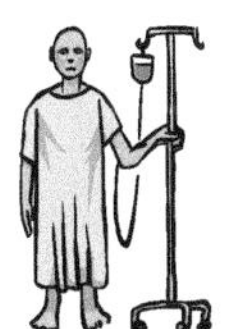

kansar

рак

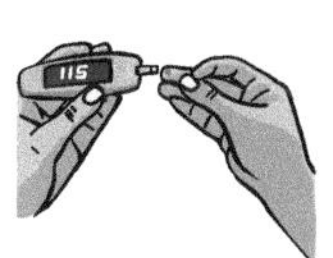

cudurka sokoroow

діабет

dhakhtarka-qalliinka

хірург

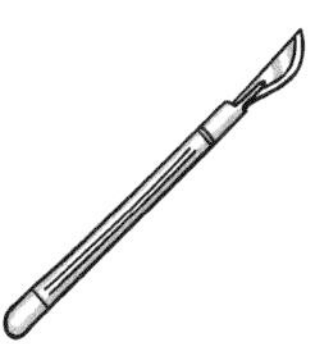

mindida qalliinka

скальпель

qalliin

операція

iskaan

КТ

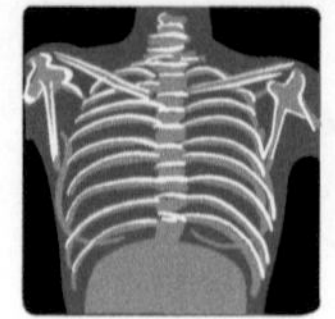

raajo

рентген

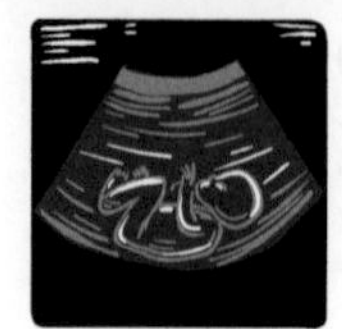

dhawaaq-xawaareed

ультразвук

maaskaro

маска

cudur sokoroow

хвороба

qolka sugitaanka

зал очікування

ul lagu boodo

милиця

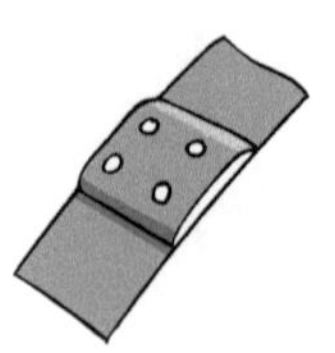

kab

пластир

faashato

пов'язка

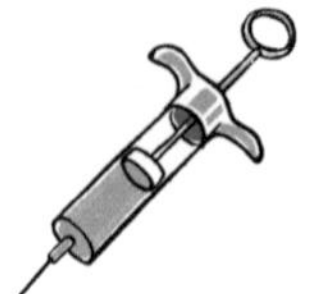

duris

ін'єкція

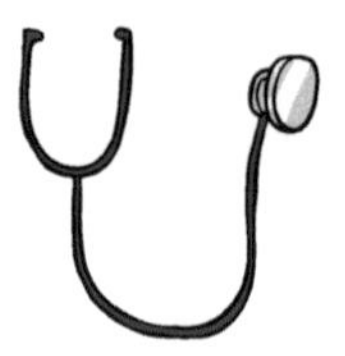

wadne-dhegeyeste

стетоскоп

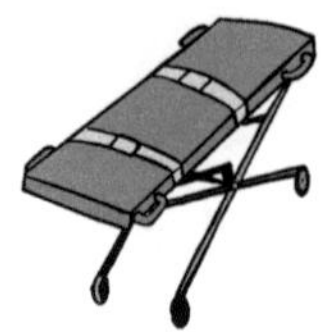

balankiino

ноші

heer-kul-beega qandhada

термометр

dhalasho

народження

aad-u-cayilan

надмірна вага

maqal-caawiye

слуховий апарат

jeermis-dile

дезінфікуючий засіб

caabuq

інфекція

feyras

вірус

AYDHIS/HIV

ВІЛ / СНІД

daawo

медицина

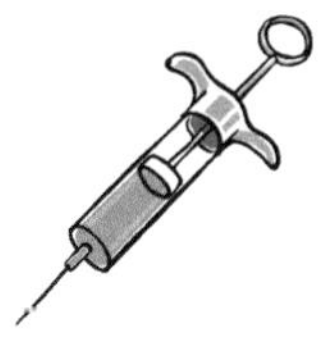

tallaal

вакцинація

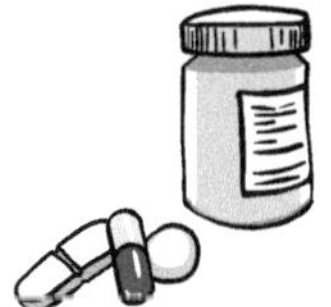

kaniiniyo

таблетки

kaniin

протизаплідна пігулка

wicitaan deg-deg ah

екстрений виклик

cabbiraha dhiig-karka

тонометр

xanuunsan / caafimaadsan

хворий / здоровий

xaalad deg-deg ah

аварійний випадок

i caawiya!

Допоможіть!

sawaxan

сигнал тривоги

weerar-kadisa ah

напад

weerar

атака

khatar

небезпека

irridda bixida xaalad-deg-deg

аварійний вихід

dab!

Вогонь!

dab demiye

вогнегасник

shil

аварія

saduuqa xaalada-degdega ah

аптечка

codsi badbaado

СОС

booliis

поліція

Yurub

Європа

woqooyiga ameerika

Північна Америка

koonfurta ameerika

Південна Америка

Afrika

Африка

Aasiya

Азія

Oostareeliya

Австралія

Atlaantik

Атлантика

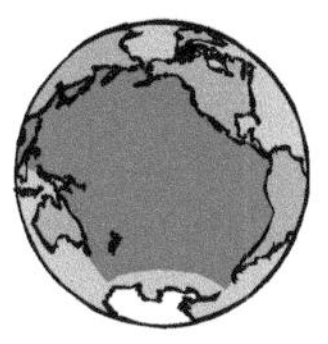

Pacific

Тихий океан

Bad-waynta hindiya

Індійський океан

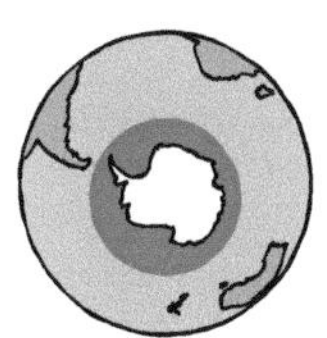

Bad-waynta antarctica

Антарктичний океан

Bad-waynta arctic

Північний Льодовитий океан

cirifka waqooyi

Північний полюс

cirifka koonfureed

Південний полюс

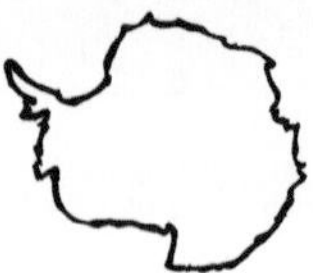

Antarctica

Антарктика

dhul

Земля

dhul

суша

bad

море

jasiirad

острів

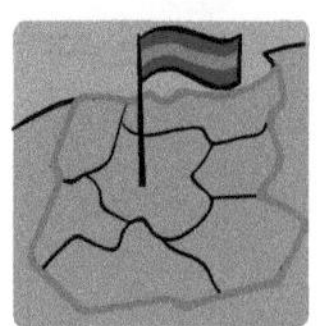

waddan

нація

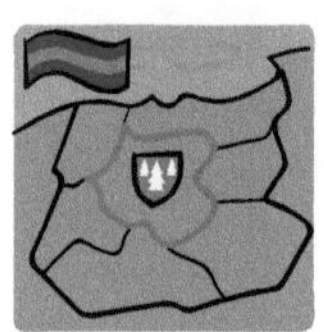

gobol

держава

saacad

годинник

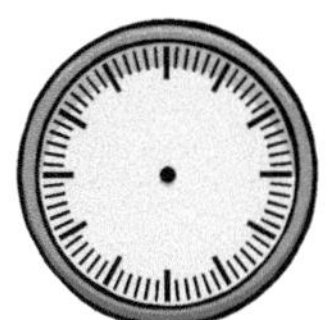

wajiga saacadda

циферблат

gacanka saacada

годинникова стрілка

gacanka daqiiqada

хвилинна стрілка

gacanka ilbiriqsiga

секундна стрілка

waa intee saac?

Котра година?

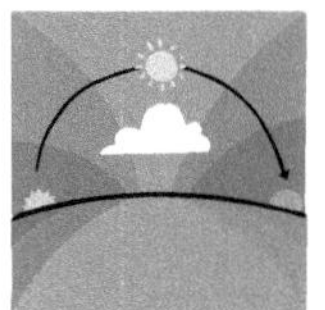

maalin

день

wakhti

час

hadda

зараз

saacadda jiifarrada

цифровий годинник

daqiiqad

хвилина

saacad

година

toddobaad

тиждень

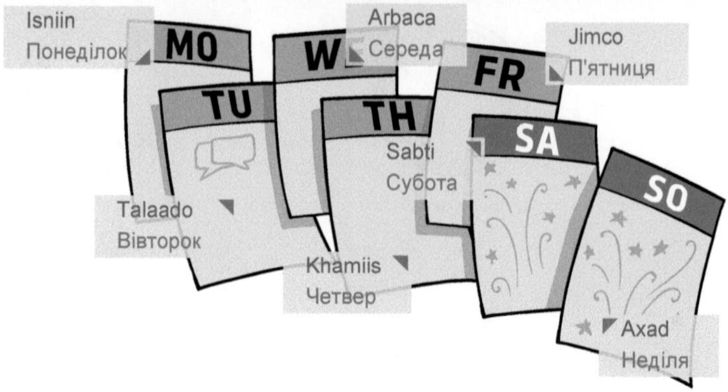

shalay

вчора

maanta

сьогодні

berri

завтра

subax

ранок

duhur

опівдні

casir

вечір

maalmaha shaqo

робочі дні

dabayaaqada usbuuca

кінець робочого тижня

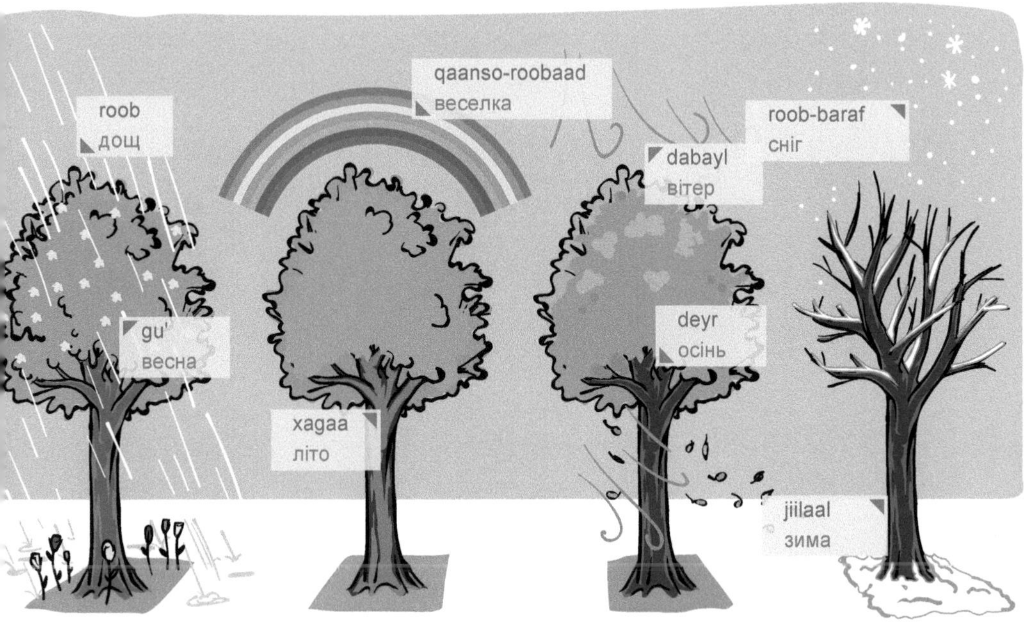

sanad
рік

roob
дощ

qaanso-roobaad
веселка

roob-baraf
сніг

dabayl
вітер

gu'
весна

deyr
осінь

xagaa
літо

jiilaal
зима

saadaal hawo
....
прогноз погоди

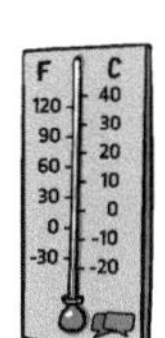

heer-kul baare
....
термометр

qorraxeed
....
сонячне світло

daruur
....
хмара

ceeryaamo
....
туман

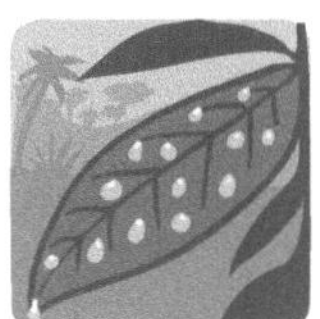

huur
....
вологість повітря

jac

блискавка

onkod

грім

duufaan

шторм

roob-baraf

град

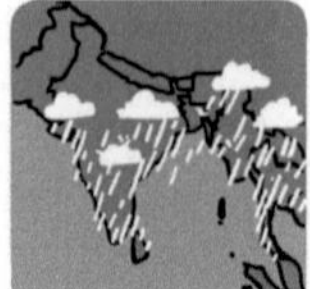

maansuun

мусон

daad

повінь

baraf

лід

Jannaayo

Січень

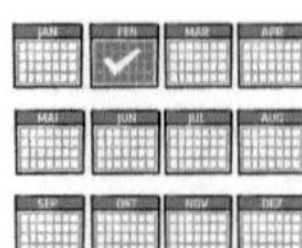

Febraayo

Лютий

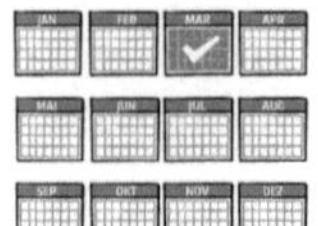

Maarso

Березень

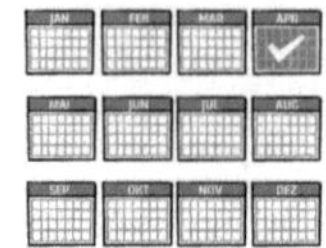

Abriil

Квітень

Mey

Травень

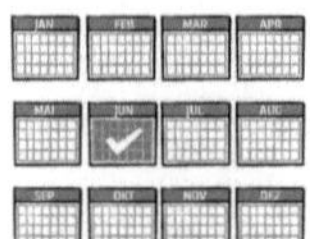

Juun

Червень

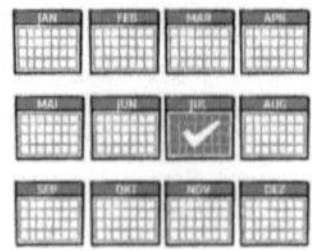

Luulyo

Липень

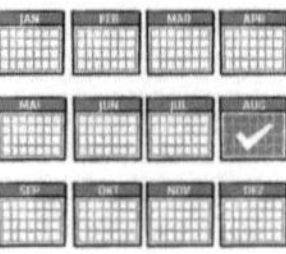

Agoosto

Серпень

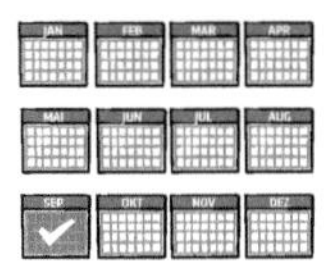

Sebteember

Вересень

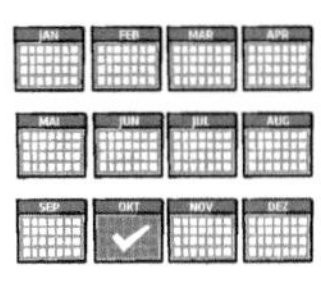

Oktoobar

Жовтень

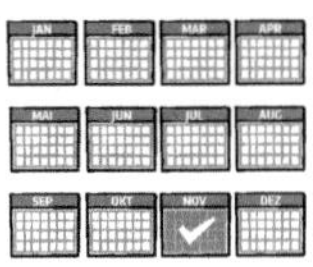

Nofeember

Листопад

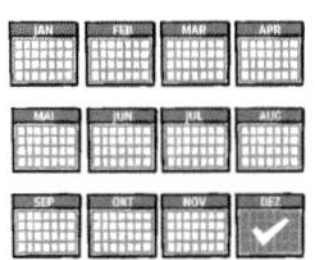

Diseember

Грудень

qaababka
форми

goobaabo

круг

afar-gees

квадрат

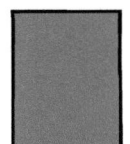

leydi

прямокутник

saddex-xagal

трикутник

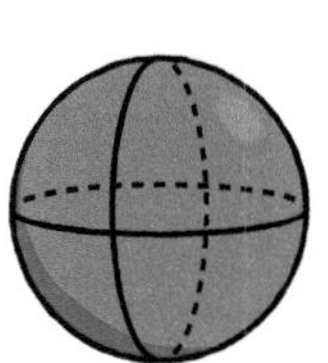

wareeg

куля

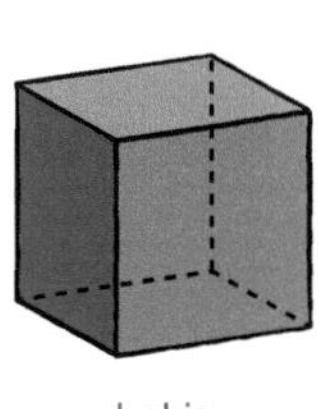

bokis

куб

midabbo

фарби

caddaan

білий

hurdi

жовтий

oranji

помаранчевий

guduud-khafiif

рожевий

casaan

червоний

carwaajis

фіолетовий

bluug

синій

cagaar

зелений

boroon

коричневий

cawl

сірий

madow

чорний

badan / yar

багато / мало

caro / daganaan

лютий / мирний

qurxoon / foolxun

гарний / бридкий

billow / dhammaad

початок / кінець

yar / weyn

великий / малий

iftiin / mugdi

світлий / темний

walaalkaa / walaashaa

брат / сестра

nadiif / wasakhaysan

чистий / брудний

buuxa / dhantaalan

завершений / незавершений

maalin / habeen

день / ніч

dhintay / nool

мертвий / живий

ballaaran / ciriiri ah

широкий / вузький

la cuni karo / aan la cuni karin

їстівний / неїстівний

arxan-daran / naxariis-badan

злий / дружній

faraxsan / caajisan

збуджений / нудьгуючий

buuran / caateysan

товстий / тонкий

ugu horeeya / ugu dambeeya

спочатку / востаннє

saaxiib / cadaw

друг / ворог

maran / buuxa.

повний / порожній

adag / jilicsan

жорсткий / м'який

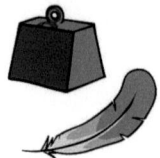

culus / fudud

важкий / легкий

gaajo / oon

голод / спрага

xanuunsan / caafimaadsan

хворий / здоровий

sharci-darro / sharci

незаконний / законний

caaqil / dabbaal

розумний / дурний

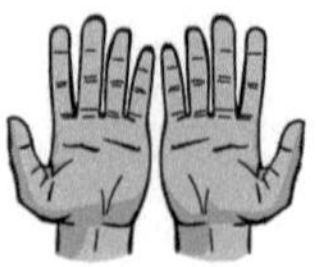

bidix / midig

вліво / вправо

dhow / fog

поруч / далеко

cusub / duug

новий / використаний

waxba / wax

нічого / щось

da' / dhalinyar

старий / молодий

daaris / damin

вкл / викл

furan / xiran

відкрито / закрито

aamusnaan / cod-dheer

тихо / гучно

taajir / sabool

багатий / бідний

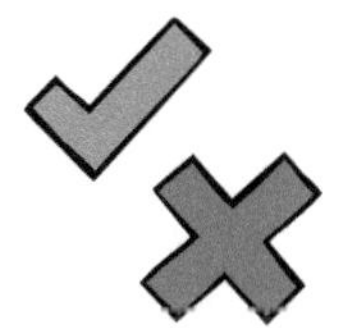

sax / khalad

правильно / неправильно

jilif leh / sabiibax

шорсткий / гладкий

murugsan / faraxsan

сумний / щасливий

gaaban / dheer

короткий / довгий

tartiib / dhaqsi

повільно / швидко

qoyaan / qalleyl

вологий / сухий

qandac / qabow

гарячий / холодний

dagaal / nabad

війна / мир

lambarro
числа

0

eber

нуль

1

kow

один

2

laba

два

3

saddex

три

4

afar

чотири

5

shan

п'ять

6

lix

шість

7

toddoba

сім

8

sideed

вісім

9

sagaal

дев'ять

10

toban

десять

11

kow iyo toban

одинадцять

12

laba iyo toban

дванадцять

13

sadex iyo toban

тринадцять

14

afar iyo toban

чотирнадцять

15

shan iyo toban

п'ятнадцять

16

lix iyo toban

шістнадцять

17

todoba iyo toban

сімнадцять

18

sideed iyo toban

вісімнадцять

19

sagaal iyo toban

дев'ятнадцять

20

labaatan

двадцять

100

boqol

сто

1.000

kun

тисяча

1.000.000

malyuun

мільйон

luuqado

мови

Af ingiriis

англійська

Ingiriiska Mareykanka

американська англійська

Mandariinka Shiinaha

китайська високочиновницька

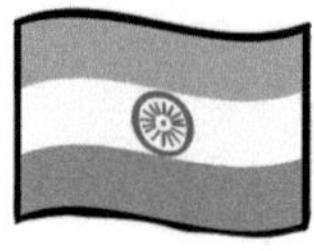

Hindi

хінді

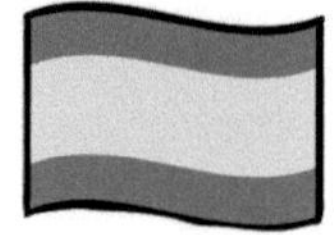

Boortaqiis

іспанська

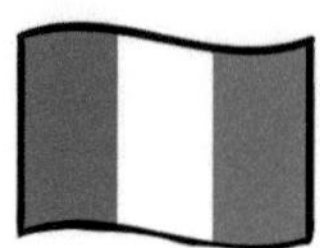

Faransiis

французька

Carabi

арабська

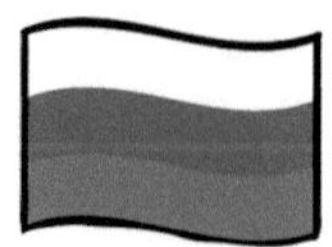

Ruush

російська

Boortaqiis

португальська

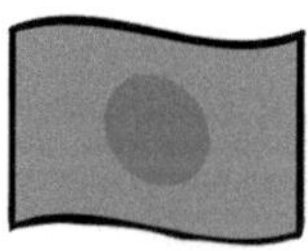

Bengaali

бенгальська

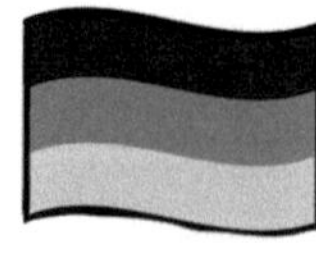

Jarmal

німецька

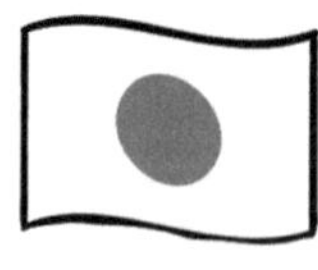

Jabaaniis

японська

kee / maxay / sidee

хто / що / як

aniga

я

adiga

ти

asaga / ayada

він / вона / воно

annaga

ми

idinka

ви

ayaga

вони

kee?

хто?

maxay?

що?

sidee?

як?

xagee?

де?

goorma?

коли?

magac

ім'я

xaggee

де

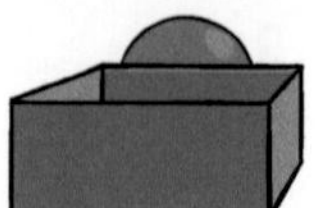

gadaal

ззаду

gudaha

в

horta

перед

ka sare

над

dusha

на

ka hooseeya

під

dhinac

біля

u dhexeeya

між

meel

місце